4024

DE LA
IVSTICE
ET
DE LA PAIX,

DE L'INIVSTICE ET DE LA GVERRE;

LES MISERES ET FIN LVCTVEVSE
des guerres Ciuiles & Estrangeres ; Et
qu'il n'y a rien au monde si desirable
que la Paix.

A PARIS,

Chez Lovys Boulenger, ruë
Sainct Iacques, à l'Image S. Louys.
prés le College du Plessis.

M. DC. XXII.

AV ROY:

IRE,

Toutes les vertus par lesquelles le Prince peut & doit establir son regne, garder & conseruer ses subjets, découlent & deriuent d'vne seule principale, se referent, & prennent leur source de la Iustice, qui est la sapience par laquelle les Roys regnent, iugēt la terre, dissipent les meschans, & font tourner la rouë sur eux : qui consiste à rendre à vn chacun ce qui luy appartient.

Parmy les Medes, Dejores homme sage, qui donne commencemēt à leur Empire & Monarchie, (y ayant lors toute licence & abandon au pays) pour auoir rēdu Iustice à ceux de son Bourg, & s'estre porté droict & équitable en ses iugemens, acquiert telle reputatiō, que ceux des autres Bourgs circonuoisins viennent à luy pour le mesme sujet, & en suitte, est vnanimement nommé & recognu pour Roy par tout le peuple des

A ij

Medes. En l'inuestiture du Duc de Carin-
thie, on demāde à ceux qui l'accompagnent
s'il est Iuge, s'il cherche le salut du pays ; s'il
est de franche condition, digne d'honneur,
& obseruateur de la Religion.

Il est prophetisé d'Ezechiel, ou plustost
du Saueur, qu'vn Roy regnera en Iustice,
qui sera la retraicte pour la tempeste, le lieu
où on se cache du vent, & comme l'ombre
d'vn gros rocher en la terre deserte. Dieu
mesme, pour apprendre aux Rois & Princes de la terre de ne rien iuger qu'en équité,
appelle tous hommes en iugement, comme
vn homme qui est prest de rendre raison de
ses œuures deuant vn Iuge. Il commande
au Roy de Iuda, à ses seruiteurs, à son peuple, qu'ils facent Iustice s'ils veulent prospe-
rer : Salomon qui sçait qu'il est estably à ceste fin, ne demande à Dieu qu'vn cœur en-
tendu pour iuger son peuple, cognoistre &
discerner le bien d'entre le mal. Dauid dés
le matin luy addresse sa priere, afin qu'il or-
donne ses pas, & le conduise en sa Iustice.
Dit, qu'ayant les iugemens du Dieu fort, il
iugera les pauures, fera droit au chetif &
miserable contre l'oppresseur ; Qu'il hayra
les actes des desbauchez, que rien ne s'en
attachera à luy, & que de bonne heure il re-
tranchera de la Cité de l'Eternel, de sa mai-

son, tous ceux qui proferent mensonges, qui vsent de fraude, de mesdisance, de fallace, & generallement tous ouuriers d'iniquité. Puis adiouste, qu'il n'aura pour compagnie, ny pres de soy que des gens de bien qui ai-ment le Tout-puissant, & gardent ses com-mandemens. Ainsi le Roy Charles VIII. (qui non moins que l'Empereur Tite a esté appellé l'amour, le delice des hommes) di-soit ordinairement à ses plus familiers: & en nos derniers iours, vn de nos derniers Prin-ces du Sang (qui nous a laissé vn digne rejet-ton) tenoit le mesme langage, qu'ils vou-loient que leur maison seruist de miroir à tous hommes pour les conduire en vne vie bien ordonnee : Enquoy ils iugent leur exéple la plus courte voye, l'vn pour main-tenir ses subjets, l'autre ses domestiques en leur deuoir.

Les Rois de Perse (bien qu'esloignez de la cognoissance de Dieu) ont vn de leurs Chambelans destiné à cét office, de leur ve-nir dire tous les matins, qu'ils se leuent, & pouruoient aux affaires ausquèlles Meso-romasdes (c'est à dire le grand Dieu) les a ordonnez. Aussi est-ce la gloire du Prince de sonder les affaires, & de s'enquerir de la pa-role, pour faire distribuer à vn chacun selon qu'il fait bien ou mal. Auoir à ceste fin le linre de la Loy , y lire tous les iours, & la faire exactement obſeruer ; à ce que iugeant en équité, ſon throſne ſoit eſtably à touſiours. Moyſe, conducteur d'Iſraël eſcrit toutes les paroles de l'Eternel, puis auſſi toſt prend le liure de l'Alliance & le liſt au peuple.

Par là, nous apprenons que la Iuſtice eſt la fin de la Loy; la Loy, l'œuure du Prince; & le Prince, l'Image de Dieu qui tout regit. De ſorte que Iupiter meſme ne peut bien commander ſans la Iuſtice, qui eſt vne vierge non violée ny contaminée, touſiours logée auec honte, pudicité, ſimplicité; vne ville forte, imprenable de laquelle les Citoyẽs ſont bien heureux; dont le larcin, l'outrage, l'auarice, l'vſure & tels autres vices ſont exilez & bannis. Elle eſt immortelle, elle exalte les peuples, & ſon iugement eſt plus plaiſant à Dieu que le ſacrifice, & choſe plus requiſe que l'or.

Entre les hommes par vne ſaincte harmonie & ſalutaire appareil, elle produit diuers effects. Par la Loy, par ſes ordõnances, elle rappelle celuy, qui par vn mauuais guide, eſt conduit & deſtourné en vn mauuais chemin. S'il n'obeït à ceſte voix, le iugemẽt (miniſtre de la Loy) luy met la main ſus, l'arreſte par la crainte du dommage & de la peine. S'il eſchappe du ſupplice, l'apprehen-

tion le faifit , bourelle fa confcience , luy
monftre fon crime,& fait voir la fin luctueu-
fe de femblables forfaits. Ou par le contraire elle affeure tellement les bons , qu'ils ne
craignent rien au milieu des perils preparez
& amaffez contre eux par la calõnie, quand
bien ils feroient comme reduits en la valée
d'ombre de mort.

Lycurgue qui a ainfi appris, que la Iuftice
d'vn cofté eft compofee de la Loy efcrite,
qui empefche le mal ; & de l'autre d'affeu-
rance, & de la Loy non efcrite, finon au
cœur qui addreffe & porte au bien, ne veut
qu'il y ait aucunes de fes Loix mifes par ef-
crit : dit , pour rendre vne Cité heureufe,
qu'elles doiuent eftre empreintes par la
nourriture és cœurs & és mœurs des hommes,pour y demeurer a iamais immuables,
& que le ply qu'ils prennent par inftitution
dés leur premiere enfance , fait aifément
qu'vn chacun fe fert de Loy à foy-mefme :
Car auffi ceffant, que Dieu met, imprime &
engraue fa Loy en nos cœurs, nous ferions
pour iamais perdus & efgarez en nos voyes.

Auec ce, pour fçauoir commét la Iuftice
peut eftre rêduë & exercée dignemét. Efaye
voulant defcrire l'accouftrement du Seigneur,luy dõne la Iuftice pour ceinture,qui
luy eft mife au milieu du corps. C'eft cefte

Aſtrée, qui volant au Ciel, ſe met entre le
lyon & la balance, pour auoir d'vne part la
force, & de l'autre, peſer ſans acception les
droicts & crimes d'vn chacun. Elle eſt pein-
te la teſte dans les Cieux, aduiſant à Dieu
ſeul, qui auec ſes Anges (ſelon que diſent les
Hebrieux) preſide aux iugemens: Encores
aujourd'huy, il eſt remarqué qu'en Ethiopie
les Iuges ſe mettent aux bas ſieges, & laiſ-
ſent les hauts vuides, aſſeurez que ce ſont
les places des Anges de Dieu. Moyſe & Io-
ſué, ordonnent des Iuges en chacune Cité,
pour iuger, non au nom des hommes, mais
au nom de Dieu ; qui aſſiſte en l'aſ-
ſemblée, & iuge au milieu des Dieux.
C'eſt de ſon œuure que les Rois, les Iuges
font iuſtice,& que le glaiue leur eſt mis entre mains, afin que comme ſes Miniſtres, ils
ſeruent à ſon ire,& prennent vengeance des
meſchans.

Les Rois qui deſirent eſtre grands & puiſſans, font Iuſtice & iugement: Iuſtice, en
deliurant les opprimez par force de ſa main
du puiſſant, du calóniateur, & ne permettât
que l'eſtranger, la veufue, l'orphelin, l'innocent ſoient affligez & reçoiuent aucun tort;
Iugement quand ils reſiſtent à la fureur des
meſchans, & repriment leurs audaces &
violences. Pourtant le plus iuſte d'eux, non

le plus fort, surpaſſe les autres en excellence,
grandeur & Majeſté, veu que là où regne la
Iuſtice, la force, la grande puiſſance ſont
inutiles & ne ſeruent de rien.

Vn Payen dit, que les hommes ont trois
differentes affections enuers les Dieux:
Qu'ils les eſtiment bien-heureux; les craignent & les honorent; bien-heureux pour
l'eternité & immortalité de leur eſſence, les
craignent & redoutent pour leur toute-
puiſſance, & les adorent pour leur iuſtice:
par laquelle la vie de ceux qui ſont collo-
quez en quelque haut degré de puiſſance &
authorité, eſt renduë diuine & celeſte. La
demeure & maiſon des Rois de Iuda, & le
porche de iugement ſont baſties pres du
Temple de Salomon, pour les admoneſter
de faire Iuſtice; Ageſilaus, Roy Ethnique,
comme il va par les champs, loge touſiours
dans les plus ſainc̈ts Temples des Dieux,
afin qu'ils ſoient meſmes teſmoins de ce
qu'il fait en priué: Et Philippe le Tetrarche
en quelque lieu qu'il ſe trouue par voye, ſi
aucun luy demande Iuſtice, fait incontinēt
poſer ſa chaire, donne audiance, punit les
meſchans, & renuoye abſous ceux qui ſont
calomnieuſement accuſez. L'abomination
eſt grande deuant les Rois, de cōmettre iniquité, deuant eux, dis-je, qui doiuent en-

grauer de graueure de cachet sur la lame de leur Tiare (*La Sainĉteté à l'Eternel*) separer l'escume d'auec l'or, oster le peruers,&fai-re droit à vn chacun, afin d'estre sanĉtifiez, confirmer leur throsne, que Dieu regne en eux, & qu'ils puissent aussi regner eternelle-ment en paix.

Finalement pour iuger en Iustice, les iuge-mẽs des Rois sur les differends de leurs sub-jets, doiuẽt estre dõnez sans faueur, non con-traires les vns aux autres : ains les cas sẽbla-bles tousiours decidez d'vne mesme sorte, & leur volonté en ce faiĉt immuable, cõme l'est celle des Loix bien ordonnées.

Que si plus particulierement on veut en peu de paroles exprimer l'harmonie qui est en la Iustice, il ne faut qu'emprunter d'Ho-mere la description qu'il fait de ce celebre Barreau, où à l'entour d'vn Auditoire (vn grand peuple amassé) deux hommes plai-dẽt l'vn cõtre l'autre pour la reparatiõ d'vn homicide : L'vn qui soustient l'auoir payée, l'autre qui dit qu'il ne l'a reçeuë ; Chacun là dessus ameine des preuues, des tesmoins, &auec bruit &murmure, le peuple là assem-blé fauorise les vns à l'vn, les autres à l'autre. Les Huissiers en ce tumulte empeschent le desordre: & des vieillards venerables, assis sur des bancs sacrez, qui commandent que

tous facent silence , disent leur aduis par
bon ordre, & ont au milieu d'eux vn talent
d'or, qui doit estre le guerdon de celuy qui
dit plus iustement; Or , symbole d'honneur
& de vertu, tres-digne recompense à ceux
qui en sont enrichis : que l'Oracle d'Apollon conseille aux Lydiens de pendre aux
oreilles de leurs enfans, duquel Platon dit,
que plusieurs filets & rongneures s'en trouuent ès generatiõs des gens excellens, qui
estiment illicite & indigne d'en soüiller la
possession par le meslange de l'or mortel.
Or, pour mieux dire, qui croist au haut du
Ciel, non en ceste valée de larmes, sur lequel les gens de bien posent vn pied de leur
compas,& le tournent par bon ordre sur les
actions de ce monde, pour finir vn cercle
admirable au mesme lieu où ils l'ont com-
mencé,c'est à dire au Ciel , siege de la Diuinité , où paruiennent tous ceux dont les
actions sont pures comme l'or, & l'argent
affiné au fourneau de terre,qui est épuré par
sept fois.

La ville où est ce Barreau , est vne ville de
retraicte de gẽs de vertu , ville descrite pour
ceste occasion remplie de paix & trauquili-
té,où il n'y a que festins & banquets, & autres marques de gayeté & plein repos,en la
quelle la Iustice & la paix s'entrebaisent, &

où regne noſtre Melchiſedech Roy de Sa-
lem, de Iuſtice & de paix: Nom qui eſt auſſi
donné à la Ieruſalem de Dieu. Ce que les
Poëtes nous repreſentent en quelque façon
par ce Caducée de Mercure, pris par tous
les anciens pour ſymbole de iuſtice & de
paix. Ainſi s'il ſe peut (entant qu'en nous
eſt) viuons iuſtement pour auoir paix auec
tous, & que la paix de Dieu, à laquelle nous
ſommes appellez en vn corps gouuerné en
nos cœurs; veu que ſans elle toute richeſſe
n'eſt que pauureté; toute lieſſe, que deüil,
toute vie, que mort.

L'vnique moyen de l'obtenir eſt, de chê-
miner és ordonnances de Dieu, qui la
baille à ceux qui le ſeruent & luy obeïſſent.
Toutes les Loix de Numa (bien que Roy
infidelle) ne tendent qu'à la paix, de laquelle il n'a moins de ſoin que de ſon Royaume.
Phocion l'a touſiours pour but de ſon gou-
uernemẽt: Tel a eſté celuy du deffunct Roy
Henry le Grand, qui auſſi par ſa grande prudence & tres digne conduitte l'a donnée à
ſes peuples: Comme en effect il n'y a rien ſi
beau que le repos, & vaut beaucoup mieux
vaincre les Arcadiens par prudence que par
force.

Les guerres ne ſont admiſes que pour
reprimer la violence de ceux qui veulent

troubler le repos public: & font juftes feulement fi faites pour auoir la paix. D'où s'en-
fuit, fi ceux qui la pourchaffent par cefte
voyene la rendent ferme, que ce leur eft vn
mefme de demeurer vaincus que victorieux.

Pour l'eftablir & la rendre durable, il
n'eft befoin d'ordonner des peines cruelles,
ny de faire des Edicts rigoureux, qui appor-
tent plus de ruyne, que d'amendement à la
vie des hommes. Il fuffit d'empefcher que
la ieuneffe ne foit desbauchée & ardente en
fes appetits déreglez; la tirant de la feneant-
tife, des débauches & voluptez c'eft vn des
moyens d'affeurer la concorde & la paix en
vn Eftat. Les Romains baftiffent le Temple dedié à la Deeffe du repos, fur la voye
Lauicaue, hors de la porte Coline, & enceinte de leurs murailles, pour denoter
qu'ils en banniffent l'oifiueté, & la rejettér
au dehors à leurs aduerfaires.

Vn autre moyen de paix (Sire) eft de
punir les mefchans, & recompenfer les bõs:
Le loyer au merite, la peine au démerite,
eftant felon le monde la bafe & fondement
de la paix des Royaumes : Là où on ne met
point de difference entre les vertueux &
vicieux, là les honneftes exercices fe perdét,
comme occupatiõs deftituées d'honneurs;

la vraye Iuſtice n'y eſt point, tels Eſtats pan-
chent incontinent à leur ruine.

Sire, le courage s'augmēte, & n'y a choſe
que les hommes n'oſent entreprendre, lors
qu'aux plus grands efforts & perils on pro-
poſe des reſcompences condignes. Le Mar-
chand paſſe & trauerſe les mers au grãd peril de ſa vie, ſous eſpoir que ſa nauigation
luy ſera profitable ; le malade ſouffre qu'on
le couppe & cauteriſe, endure la faim, la ſoif
& tout ce qui naturellement eſt le plus faſ-
cheux, pour puis apres auoir plus de repos :
& tous ceux qui eſperent l'immortalité
bien-heureuſe, en bien faiſant, trauaillent
(quoy qu'en miſeres) auec ioye pour par-
uenir à ceſte felicité. En oſtant l'eſperance
du bien à venir, on oſte l'affection de bien
faire, & la patience de ſupporter les maux.
Le Samien muet (enflambé d'ire) recouuri-
ra pluſtoſt la parole, que de ſe laiſſer fruſtrer
du prix, honneur & loyer qui luy eſt deub
pour ſa victoire. Ainſi, Sire, peſez d'vne iuſte balence les deportemens de vos ſubjets
& ſeruiteurs, & leur diſtribuez les graces
comme les peines.

Les Rois ne doiuent point eſtre cõme des
Idoles, dont parle le Pſalmiſte, qui ont des
yeux, des oreilles, des bouches, & ne voyēt,
n'oyēt, & ne parlēt point; Eux-meſmes doi-

uent voir, ouïr & recognoiſtre leurs ſeruiteurs: Car cõme le ſeruice qui eſt rendu à vn
Roy depẽd ſeulemẽt de ceux qui le ſeruent;
auſſi de luy ſeul doit depẽdre leur loyer. S'il
eſt iuſte & égal diſtributeur, il ne permettra
iamais que les vns labourent les champs, &
que les autres en recueillent les fruicts. Les
Mariniers qui ſeruent à la nauigation viuẽt
des prouiſions du nauire auſſi bien que le
Pilote qui conduit ſeul la barque. Les peres
en tout temps font amas pour leurs enfans:
La richeſſe du Prince doit eſtre en la bource
& affection de ſes ſubjets.

Ce qui eſt encore neceſſaire pour la paix,
ſeroit d'ordonner l'eſtat dés maiſons, & li-
miter leurs deſpéces à l'eſgard de leur qualité & de leurs biens: A ce que les Princes ne
rai'ẽnt des Rois, les Gentils-hommes ne
facent les Princes; que les Marchands &
roturiers ne ſe meſurent aux Nobles, & les
valets ne ſe familiariſent par trop auec leurs
maiſtres: car par telles confuſions, la diſtin-
ction des ordres, qui eſt l'vne des principales choſes dont ſe maintiennent les Eſtats,
ſe corrompt & abatardit. A ceſte fin il faut
oſter, du moins retrancher au peuple la con-
uoitiſe de l'or & de l'argent, qui (ſe tour-
nant en vſage) eſt la matiere de tous vices, &
le plus grand mal de tous les maux. Quand

toutes choses font corrompuës par argent,
il n'y a point de paix, ny de Magiftrat qui
commande, & auquel on obeyt : Les gens
de bien, malgré eux, font contraints de
laiffer aller tout à l'abandon.

L'auarice & la fuperfluité, (quoy que vices bien differés) font deux pernicieufes peftes, qui ont ruyné de fond en comble les
plus puiffants Empires de la terre. Nous
fommes pris par les threfors que nous en-
taffons, pluftoft que nous ne les prenons.
Les Images des Dieux Romains, formez de
terre cuitte, laiffez en leur place (à leur efti-
me) leur font plus propices & fauorables,
que les Tableaux exquis de Syracufe, ny que
toutes les decorations de Corinthe & d'A-
thenes apportées à Rome, là où il n'y a
point de fuperfluité, de luxe & d'auarice à
refrener, il n'y a point de crainte, & ne faut
point de loix là-deffus. Les conuoitifes ont
precedé les loix qui les reforment. La loy
de Cincie, des Dons & prefens, n'eft intro-
duite que lorsque le menu peuple cõmen-
çé d'eftre taillable & tributaire au Senat.
Celle de Licinius, qui deffend de poffeder
plus de cinq cens iournaux, eft faite pour
empefcher l'auarice, le defordonné appetit
qu'vn chacun a d'annexer vn heritage auec
vn autre. Et la Loy des Commandemens de
Dieu,

Dieu, toutes les Loix morales, ne font ordonnées qu'à mefmes fins.

En vn mot, les richeffes, la ieuneffe, la
folitude & la liberté, font quatre peftes qui
empoifonnent le Prince, rempliffent d'or-
dure la Republique, qui tuent les viuans, &
infament les morts.

Si on regarde de pres, par quels moyens
humains, les grãds perfonnages fe font efle-
uez : & quelles chofes ont augmẽté le nombre des plus grands chefs parmy diuers
peuples : Au contraire, d'où vient que plufieurs grands Royaumes & Eftats font tom-
bez en decadence : il n'y en a autre raifon,
finon que les richeffes ont efté mefprifees
par les vainqueurs, defirées par les vaincus.

Hydafpes, qui remet en fon obeïffance
la ville de Philæ, & la mine des Efmeraudes,
pour lefquelles il a fait la guerre au Roy des
Perfes (encor qu'il peut aifément enuahir
auec vne grande armée vne partie de l'Egypte) il ne fait point, comme d'ordinaire
font les autres conquerans, feruir à fon auarice l'heureufe iffuë qu'il a de cefte guerre,
pour eftendre par fa victoire les limites de
fon Empire. Il fe contente des bornes que
la nature a mifes, qui diuifent l'Egypte d'a-
uec l'Ethiopie, par les cataractes & precipi-

B

ces du Nil. Les Sabees ont esté en perpetuelle felicité, pour n'auoir iamais entre-
pris d'vsurper les biens d'autruy par ambition ou auarice.

Pour maintenir les Royaumes, les Arts &
la paix, qui sont cachez sous l'Oliue, l'emportent sous l'inconstante puissance qui
establit son Empire parmy les orages. Ne-
ptune a beau debattre auec Minerue pour
le nom de la ville d'Athenes, le laurier est
donné au repos, contre les troubles & se-
ditieuses émotions de ce Dieu marin. Ce
qui est dit, pour nous apprendre que le Ciel
donne la paix, pour la grandeur & establis-
sement asseuré des Sceptres & Couronnes,
qui ne reçoiuent accroissement par les bras
de Mars, qu'entãt que l'ambition des hommes en abuse.

Mais sur tout, pour auoir toutes sortes
de paix, nous deuons rechercher la paix de
Dieu, qui surmonte tout entendement; laquelle les ames fideles possedent au milieu
des plus grands desordres, guerres & con-
fusions: Paix qui n'est point selon que le
monde la donne? parce qu'il ne cognoist
point la paix de Dieu. Paix qui appaise son
ire, nous couure & met à l'abry de ses iustes
iugemens; Paix, qui par diuers combats
contre le Prince des tenebres, le monde, la

chair & nos propres cōuoitises, nous rēd en
fin plus que vainqueurs par celuy qu'il a res-
suscité d'entre les morts, au nom duquel il
faut que tout genoüil ploye pour estre sau-
ué : Paix que nous obtenons par le sacrifice
dela Croix, quand par vne serieuse repen-
tance, & vraie obeïssance de foy, il desploie
& verse sur nous ses misericordes & com-
passiōs infinies,& nous a pour agreables en
son biē-aimé,auquel il prēd son bon plaisir.

Ais ,Sire, comme par la Iustice nous
auons la paix, & viuons en paix auec
nos prochains : à l'opposite où regne l'injustice, on ne peut attendre que la misere de
la guerre, toutes sortes de calamitez & de
maux: tant ce fleau, qui vient de la main du
Dieu des Armees,nous enuironne d'armes,
de sang, d'effroy, de larmes, de tumultes &
de fureur. Au temps des Iuges, ainsi que se
portent les pechez & injustices d'Israël (selon les misericordes ou la Iustice de Dieu)
viennent l'vn apres l'autre, la prosperité &
aduersité des guerres. Ierusalem est destruicte par guerre, selon la prediction d'Ezechiel, pour auoir changé les iugements de
Dieu, & iugé contre ses statuts : voire tellement destruicte, que sa misere, son sac &
massacre sont lamentables à tous. Dieu au-

parauant menace son peuple de faire venir sur luy le glaiue vengeur de son alliance, & luy enuoier trouble, malediction, dissipation : mesmes de le faire tresbucher, & aussi ses villes deuant ses ennemis, s'il ne fait Iustice, & suit ses commandemens. Il se plaint en l'Ecclesiaste, qu'il a veu sous le Soleil le lieu de iugement, où regne la meschanceté, & le lict de Iustice, où preside l'injustice.

Pour ceste cause, il liure les enfans d'Israël entre les mains de Cusan Rasathaim, les fait affliger par Eglon Roy de Moab, par les Madianites, & par les Philistins : Il les baille en la main de Iaban, les fait battre & fuir iusques en Seir deuant l'Amorrhéen. Mille s'enfuient à la menace d'vn, & cinq les poursuiuent iusques à ce qu'ils soient delaissez comme vn arbre tout esbranché au sommet d'vne montagne, & comme vne banderolle sur vn costeau.

Au côtraire, toutes fois & quâtes qu'ils sôt retournez à luy, luy ont esté obeissans, & cheminé en ses sentiers, en sa Iustice ; ils ne sont point sortis en haste, ny marché en fuyant, l'Eternel leur Dieu a esté leur auant & arriere-garde, il a combattu pour eux, a esté leur crainte & frayeur contre tous leurs ennemis. Il defait par son Ange cent quatre-vingt mille hommes de l'Ost des Assyriens : par vu seul Samson il met en fuitte les Philistins. Et par Sçangar, frappe six cens de leurs hommes auec vne gaule à bœufs, & deliure Israël de leurs mains.

Ce n'est point par glaiue, lance, ny espée que Dieu garantit. Le Roy n'est point lauué par grande & puissante armée, ny le puissant n'eschappe point par sa grande force; Le cheual faut à sauuer, & ne deliure aucun par sa vitesse & addresse : Dieu seul est nostre deliurãce, & preserue l'ame de la mort. Il abbat la hautesse d'Assur, rompt les guerres & batailles par sa vertu : & par son ire froisse la multitude, coupe & brise les arcs, brusle par feu les chariots, dissipe le conseil des nations, & met à neant les entreprises des peuples. Aussi est-ce le Seigneur des batailles, grand entre les gens par toute la terre.

Dauid, en son nom, vient contre Goliath auec vne simple fonde, le combat d'vne pierre, & le met par terre. Il saute sur la muraille en l'asseurance de son Dieu, & en sa vertu, rompt les bandes de ses ennemis, les poursuit, les atteint & deffait, sans qu'ils se puissent releuer. Le fort, qui luy est pour gloire, bouclier & salut, dresse ses mains aux armes, le ceint de vertu belliqueuse, & fait qu'ils luy tournent le dos.

On a beau se leuer matin pour garder la Cité, tout trauail que l'homme y apporte est vain, si Dieu n'en est la garde. Si on n'o-beit entieremét à l'Oracle, & qu'on se con-tente de faire le tour de la ville de Sardis, sans se soucier de celuy de la forteresse, qu'on croit imprenable & inaccessible, à cause de sa roideur & hauteur ; on est pris & surpris par là par son ennemy, qui est com-me vn lyon rugissant, qui circuit tout à l'entour d'vn chacun pour le deuorer. Il ne luy faut qu'vn limaçon, qui rampe entre les pierres, qu'vne creuasse pour entree, à ce qu'il se saisisse de nous. Chose qui luy est fa-cile, si nous ne faisons en toutes nos cache-tes vne reueuë exacte de moment en mo-ment, & qu'vn repentir, vne synderesse de nos deffauts & pechez, n'appelle Dieu in-cessamment à nostre secours.

Sans beliers, ny instruments de guerre, il met bas l'enceinte des murailles de Hieri-cho, & auec trois cens hommes sous la con-duitte de Gedeon, sauue son peuple de la main des Madianites ; l'vn & l'autre pour nous apprendre derechef que la deliurance ne gist point en nombre & en force de gens robustes & que le vray & vnique moyen de vaincre les Amalechites, rompre & mettre en fuitte nos ennemis est, d'auoir Dieu pour

nous, de s'appuyer sur luy, & que nos mains
sans cesser soient esleuées au Ciel en le priãt.
Que nous bastissions d'vne main Ierusalem,
& tenions les armes de l'autre. Les anciens
Romains, durant les guerres, ornent leurs
Temples de deuotiõs: & pour n'attirer l'ire
des Dieux, ils n'ostent rien aux vainqueurs
que le moyen de faire du mal.

Aujourd'huy, c'est tout le rebours: Ie le
dis à la hõte des Chrestiẽs, desquels toutes
les guerres ne sont que pour sacager le pauure peuple innocent, quãd on ne peut auoir
raison des ennemis coulpables ; & où la
plus grande vertu des Soldats, est de viure à
discretion; & de ceux qui les commandent,
d'endurer tout ce qu'ils font, & feindre de
ne le voir pas, ores que souuent ils propha-
nent les choses sainctes & sacrées, & auec
mille sortes de cruautez rauagent, rompẽt,
pillent, tuent & rançounent leurs hostes &
hostesses, & autres hommes & femmes
qu'ils peuuent attrapper. Ce qui fait qu'aux
moindres émotions & bruicts de gendarmes, vn chacun tremble, court qui çà, qui
là, ne s'asseure en aucun lieu, & mesure sans
fin les dangers à l'égal de sa crainte.

Les femmes s'affligent, haussent les mains
jointes au Ciel, craignent d'estre violees,
plaignent leurs maris, leurs enfans, s'espou-

uentent de tout, & tout à fait se defient de leur salut, comme de celuy du public: En quoy elles ont vne iuste apprehention ; car veritablement rien ne flechit le Soldat: Les enfans à la mammelle, les pleurs des orphelins, ny toutes autres pitiez n'empeschent point son inhumanité.

Il y a de pis (qui est le plus lugubre) les prises de ville ; où le veufage, le violement, l'incendie, la pauureté, la captiuité est la portion qui demeure aux habitans. Là les femmes s'espandẽt par les Temples & maisons ; on y veoit & oit de toutes parts vn bruiant esclat, vn son confus de voix lamentables vnies ensemble; les vns fuyent & ne sçauent où, les autres se tiennent & arrestent à embrasser leurs parens pour la derniere fois; les enfans, les femmes pleurent, & les vieillards par vne mauuaise destinée ont esté sauuez iusques au iour de telle desolation. Alors on pille & saccage ; ceux qui emportent la proye y retournẽt & courent de toutes parts : là sont emmenez les Citoiens enchaisnez deuant celuy qui a pillé & saccagé leurs maisons; Et si en quelque sorte le gain & pillage est trop grand, les vainqueurs s'y entretuent: Maux qui sont sans remede, & que nul ne peut repousser ny esteindre, d'autant que la fleche est tiree

d'vn puissant archer, que c'est le fort qui
enuoie l'affliction, & que le feu part de son
courroux pour l'iniquité, paillardises, &
fornications des peuples.

Et bien que Dieu, qui n'authorise telles
meschancetez, permette par fois qu'aucuns
de ceux qui les commettent soient appre-
hēdez, toutes-fois il y en a mille pour vn qui
demeurent impunis ; dont les Chefs & Capitaines ne rendent autre raison, sinon qu'ils
ont affaire d'hōmes ; A quoy ie m'accorde,
s'ils n'en demandoient que dē gens de bien:
Mais tant s'en faut qu'ils en desirēt & cher-
chent de tels, que la plus part d'eux viuent
encor plus licentieusement au mal, tant il y
a peu de conducteurs gens de bien, qui sça-
chent mesmes commander, moins conseiller & combattre auec resolution, là, où,
quand, & comme il faut.

De fait, où sont maintenant ces grands
Capitaines & Chefs d'armees qu'on suiue
& serue pour leur estime & renommée, Qui
comme vn Alexandre, vn Cæsar, vn
Hector, vn Charlemagne, vn Henry le
Grand, vn Scanderberg, vn Prince d'Oran-
ge, vn Spinola, & tant d'autres grands Capitaines des siecles passez, soient la terreur
de leurs ennemis, l'asseurāce des leurs, & dōt

on craint seuleme͂t le nom & la reputation:
Qui sans flatter, ny se rendre esclaues d'aucuns, honorent les vieux gendarmes co͂me
maistres, aiment les ieunes comme freres
au fait de guerre ; remonstrent à tous ce
qu'il leur conuient faire, pour les ramener
à vne sobrieté militaire : & .ont le premier lieu en toutes choses, non par force ou
flatteries, mais par vertu. Qui selon leurs
merites, loüent les vns, chastient les autres : Commandement aux moindres mo-
desteme͂t; prient les plus grands auec cour-
toisie, & soient respectueux à ceux qu'il le
faut. Qui n'apprehendent rien pour eux,
ne peuuent auoir trop d'ennemis en teste,
& estre assez tost à la meslée; Qui s'enquié-
rent plustost où sont les ennemis, que com-
bien ils sont ; Qui au combat s'addressent
aux plus redoutez , & comme les Aigles
noirs fondent & s'eslancent contre ceux
qui soustiennent le plus grand choc ; Qui
esjouys de la guerre, plustost que d'vn ban-
quet, ne sont iamais blessez que par deuant,
& que la frayeur ne peut espouuenter ; Qui
ont ceste habitude , de combattre iusques à
la victoire, ou à la mort : Et quoy que vaincus par la multitude, vainquent & surmon-
tent leurs ennemis en vertu. Qui en effect
portent tout le fort de la bataille, où pour

mettre le feu dans les nauires des Grecs, ou bien pour le repouſſer : & s'entrechoquent viuement l'vn l'autre , (comme les vents d'Eſt , & d'Autum) à qui demeurera le victorieux. Qui vient de conſeil, d'experience & de force aux entrepriſes douteuſes & hazardeuſes ; ſont prompts & diligents és affaires preſſees : hardis & aduiſez parmy les hazards & dãgers, qu'aucun trauail ne peut laſſer, ny leur vaincre le cœur : De qui le manger & boire eſt meſuré du deſir & appetit naturel, non de la volupté. Qui ſe mocquét de la hauteur des Alpes : & à qui tous lieux, toutes montagues, quelques neiges, burons & caſſines qu'elles ayent, ſont faciles, acceſſibles & ſuperables. La diligence, la fatigue, le courage & la victoire accompagnent l'Empereur Charlemagne en tous lieux : & rien ne rend tant redoutable Iules Cæſar , que ceſte viteſſe dont il accompagne tous ſes grands & magnifiques faicts d'armes : Ainſi eſt digne d'admiration le grand cœur des Romains, qui auparauant ne s'eſtans iamais addonnez à la marine, s'y aduanturent auec telle hardieſſe & promptitude , qu'ils ont pluſtoſt combattu contre les Carthaginois, qu'eſſayé les dangers de la mer. Auſſi à dire vray, il faut auoir le bouclier de Minerue,

auec l'eſpée de Mercure, & ſes talonnieres
aiſlées, pour executer de grands exploicts.

Bref, où ſont ceux qui portent auec eux
l'herbe Achemenide, qui fait fremir & tré-
bler de peur leurs ennemis; qui comme les
Neruiens, ſont pluſtoſt morts que vaincus : & qui meſmes en mourant recueillent
leur generoſité, & reſiſtent à ceux qui les at-
taquent, iuſques à ce que comme vn feu,
leur vie s'eſteigne & amortiſſe tout à fait,
ſans qu'au combat, ny en mourant, il meure rien en eux que la crainte de la mort ; Et
qui faiſans la guerre en Candie, ſe peuuent
transformer ès mœurs des Candiots, vſer
de leurs ruſes, cautelles, ſurpriſes & em-
buſches à l'encontre d'eux-meſmes, & leur
faire cognoiſtre que toutes leurs fineſſes ne
ſõt que jeux, à cõparaiſon de celles qui ſont
inuētees par l'eſprit d'vn bon & experimenté Capitaine à faire la guerre à bon eſcient.
Pour vray, tels Epigoniēs (s'il y en a de tels)
ſont des Phœnix en la terre.

Au lieu d'vn qui eſt valeureux, ſage
& prudent ; il s'en trouue mille, quand
il eſt queſtion d'affronter l'ennemy,
qui changent de couleur de minutte en
minutte, & ont vn eſprit inquiete, ſans
aucune contenance que d'hommes eſper-
dus : Qui ores ſur vn pied, ores ſur l'autre,

chancellent de place en place, vôt de biais, tournent le dos au bruit d'vne fueille, & dont les dents craquetent & leur cœur pantelle, pensans tousiours à la mort. Ou bien qui sans conseil & conduitte aucune, s'hazardent aux perils, & par des eslans de furie & violence, pensent arracher les Palmes des mains de la victoire, côme si les triomphes suiuoient les temeraires, & que la temerité (outre qu'elle est folle, & fol celuy qui s'en aide) ne fust d'ordinaire compagne de tous mal-heurs. Le Dieu des Muses, non celuy des Batailles, combat, tuë & laisse estendu sur la place le serpent hydeux de Iunon, & opposez l'vn à l'autre, la Palme est donnee à Apollon, & les armes d'Achilles à Vlisses, au preiudice d'Ajax; La raison est, qu'il n'y a que les sages & prudents Capitaines qui se puissent dire courageux & vaillans. Les fols & temeraires peuuent bien, côme le Herisson, se reuestir de pointes & sajettes pour se deffendre, mais non pas pour triompher de leurs ennemis.

AV regard des Soldars qui doiuét estre Anapestes, hommes & Citoiens de Sparte, chasser la peur, la fuitte, l'effusiõ de sãg & le massacre deuant eux; Sçauoir, que le bien côbattre consiste au bon courage; à la crainte d'auoir honte, à obeïr à leurs

Capitaines,& leur faire bouclier au befoin,
à peine de mort: lurer courageufemēt, & ne
permettre qu'aucune flefche des Parthes
leur touche, que premier ils ne foient tous
tuez , & n'ayent combattu iufques au
dernier foulpir pour les deffendre. Qui doi
uent eftre foldats de Marius : porter leurs
armes & viures ; veiller, trauailler , endurer efgalement le froid & le chaud, la
fueur & la pouffiere ; dormir fur la dure, &
fupporter à mefme temps la faim , la foif,
toutes fortes de fatigues ; diligenter & ne
reculer vn feul pas pour l'ennemy: mais l'a-
uancer & deuancer, pour choifir l'affiette
du camp ; Qui doiuent garder leur rang,
parler peu, frapper fort dru & menu fur les
ennemis à l'abord,& perfeuerer à combattre vaillamment, fe veftir d'efcarlatte, auoir
deux efpaules, non vne feule, pour entrer
au combat; des mains, non des pieds pour
leur demander fecours, & ainfi par patience, obeïffance, conftance & courage ac-
querir biens & hōneurs en la guerre: Com-
bien eft petit le nombre de ceux qui fe ran-
gent à cefte difcipline : & qui pour vraye
marque & image de leur vertu, facēt monftre des haches, chenfreins, enfeignes &
autres dons militaires, dont ils ont eftè honorez par leurs Capitaines: & aufquels il ne

reſte nulles parties de leurs corps, pour y
receuoir de nouuelles bleſſures. Vn charia-
ge de femmes eshontées, de braueries, &
de valets inutiles (bons ſeulement pour dé-
rober & faire du mal) ſont à tous, où peu
s'en faut, à la honte de ceux qui les commandent, leur confiance, leurs exercices
& plaiſirs : qui leur oſtent toute la vertu
publique, la diſcipline militaire, leur re-
nom, la reputation.

Surena, qui deffait Craſſus, quoy qu'il
ait derriere ſoy vne longue queuë de delices & voluptez Parthiennes, ne laiſſe de ſe
mocquer outrageuſement & vilainement
des mœurs & diſſolutions Mileſiaques des
Romains, pour auoir trouué ſeulement
dans le bagage de l'vn d'eux nómé Ruſtius,
les liures impudiques d'Ariſtides, ainſi inti-
tulez.

Les armées eneruées de femmes d'or &
de pourpre, ſont pluſtoſt vne monſtre &
oſtentation de richeſſes ſuperfluës, vne
proye, vn butin deſia tout acquis, qu'vne
armée de combattans. Minerue permet à
Diomede de pourſuiure & bleſſer Venus,
s'il la rencontre aux batailles ; Iupiter luy
commande de ne s'y trouuer point, & de
s'en abſenter : & Iris, meſſagere des Dieux,
l'en retire, quoy que ſœur de Mars.

Les gens de guerre Ægyptiens portent en la marque de leurs armes la figure d'vn efcarbot , la fimple paillardife leur eft odieufe, tant s'en faut qu'ils approuuent le violemét, qui aujourd'huy fe commet qua-fi en tous logemens de guerre , & fans re-miffion aux villes & fortereffes qui font pri-fes d'affaut. Vn Payen qui prend de force fur Tigranes la ville de Tigranocerta, gar-de l'honneur aux femmes. Et Dieu par fa Loy deffend en tels exploicts de les tou-cher & forfaire à leur honneur. La guerre a fes droicts , comme a la paix, qu'on doit garder auec autant de Iuftice, que de vail-lance.

Si toft que la jeuneffe Romaine peut por-ter les armes, elle apprend la milice, par la fatigue & l'experience qu'elle fait dans le camp ; fe plaift non à fuyure les putains & l'iurongnerie, mais à auoir de belles armes, bons & beaux cheuaux de guerre : A dix-fept ans , elle commence à s'exercer & fe trouuer aux batailles; A âge auquel Scipion & Caton combattent en la feconde guerre punique. L'exercice fait les Soldats, & l'ad-dreffe fert d'entretien à leur courage. Dans les armées, ceux qui font defia duits & dref-fez aux combats , font, apres Dieu, le plus fouuent les inftrumens de la victoire : com-

meau

me au contraire les Nouices & apprentifs
font les motifs de la confufion & du maf-
facre. A telles gens aucun ennemy n'eft redoutable, aucun lieu rude, ny aucun trauail
eftrange: Ils ne font iamais craintifs à la
guerre, lafches à la meflée, murmurans,
mutins, ny tempeftatifs à la paix. C'eft à qui
chargera le premier les ennemis, ou efchel-
lera la muraille, leur plus grand côbat tend
à la gloire, & en cela confifte toutes leurs richeffes, leur nobleffe, leur honneur.

D'autre part, bien que les foldats fe
doiuent contenter de leurs foldes, & s'ab-
ftenir de piller & defrober, eftimer & croire
que ce leur eft grand profit, que le pauure
païfã, le laboureur ne reçoiue aucune perte:
& que pour fe conferuer la bône confcience
leur eft du tout neceffaire, puis que de la mi-
fericorde de Dieu, non du fecours des hommes, depend l'éuenement des guerres;
Neantmoins en eux rien de tout cela; ce
font des enigmes, qu'ils n'entendent point,
Ils ferment les yeux & les oreilles à ce que
Moyfe (proche de fa mort) dit aux enfans
d'Ifraël: Que c'eft Dieu qui paffe deuant
eux, pour deftruire leurs ennemis, & de-
chaffer de leur prefence gens plus forts &
robuftes qu'eux, qui ne tomberont point
en leurs mains par les exploicts de leurs ar-

Ç

mes, mais par sa grace speciale. Ainsi s'esjouyt en Dieu le Prophete Royal, & le celebre, de ce qu'il a pris sa cause & deffence, & que par sa force, ses ennemis sont tresbuchez & peris.

Il y a encor cét autre mal parmy les Capitaines & Soldats, auquel par fois communiquét les Generaux d'armees; que le larcin leur est plus cher que l'honneur. S'il faut faire des louées de gens de guerre en la Panonie; Ceux qui ont ceste commißió, pour r'emplir leurs bourses, piper & tromper l'esprit d'vn chacun par les yeux; remplissent leurs Compagnies & Regimens de goujats & racailles, de soldats Subitariens, & ce faisant, mesurent leurs forces, non par la qualité, par ceux qui lechent ou lappent l'eau dãs leurs mains, sans se courber sur leurs genouïls: mais par le nombre des hommes, qui, imprudens qu'ils sont, ignorans le mestier de la guerre, feneants, craintifs, gens perdus & paresseux, sans honneur, & sans pouuoir endurer aucun trauail, sont tousiours les derniers au peril, les premiers à la fuitte, parce qu'ils n'ont l'espée de l'Eternel & de Gedeon auec eux.

Que si mesmes par vn iugement occulte, Dieu leur donne & liure en main leurs ennemis: Au lieu de les poursuiure à l'interdit, tant que leurs armes leur obtienne vne victoire entiere, & qu'il n'y en ait vn seul qui resiste au combat: Ils s'arrestent, tournent incontinent leur courage au pillage (se pillans leur honneur propre) & leur auarice qui leur fait eschapper la victoire ja toute acquise, les rend eux-mesmes la proye & carnage, les despoüilles & le trophée de ceux qu'ils croient auoir vaincus.

La Caualerie des Samnites est deffaicte, en cuidant piller le camp des Romains ; Pendant qu'ils encombrent leurs cheuaux de proye & sont apres le saccagement, ils sont pris, tuez & saccagez. Et les Bretons qui crient victoire contre Senere qui s'est mis en desarroy, sont au mesme instant déconfits par Lætus. Le desespoir donne du courage, & n'y a point de fléche plus aiguë ny plus forte en vn combat, que la necessité. Le fait de la guerre est douteux.

Quelques foibles mesprisables, & peu que soient les ennemis ; tous Capitaines & Soldats doiuent tousiours estre en crainte de tomber en quelque danger par leur faute. Quand on combat par dédain, ou qu'on mesprise son ennemy, on le rend plus vaillant, & souuent en telle rencontre le moindre nombre qui apprehende d'estre vaincu, vainc le plus grand. Ie m'en rapporte à la journée de Salamine, à la bataille de Ma-

rathon, à celle de Poictiers, & de nos iours, à
celle de Coutras. Il faut aller auec ordre au
côbat, estre prôpt d'assaillir quãd il est tēps,
& ne cesser iamais que la victoire ne soit as-
seurée, qui depend en ce qui est des causes
secondes de l'obseruation des deuoirs que
i'ay touchez. Si l'on ne frappe cinq ou six
fois contre la terre auec les fléches d'Elisée,
qu'on ne brise & escrase tout à fait la teste
du serpent, il anime sa queuë, sa picqueure,
(qui est mortelle) empesche vne entiere deliurance, & desrobe la victoire à ceux qui
s'arrestent au milieu du chemin, qui souf-
frēt que la mort (à leur égard) ait encor son
aiguillon.

C'est assez parlé des Capitaines & Soldats, de ce qu'ils doiuent faire, font & ne
font pas, quoy que ce soit, s'ils ne sortent
du camp pour se lauer d'eau, ne renaissent
& sont faits nouuelles creatures, ils ne pro-
duiront iamais que du mal, & la voix des
miserables sera tousiours trop foible pour
estre ouys dans le bruict de leurs armes &
furieux mouuemēs. Lors qu'vne fois par les
guerres viennent le fouragement & la violence, la loy n'a plus de force, le meschant
enclost le iuste, tout droict se peruertit.

En Ierusalem, durant le dernier siege, la
Iustice n'y a aucun lieu, le droict est la seule

volonté des factieux & seditieux. Du temps
des guerres & proscriptions de Sylla, les
Consuls pour les violences & cruauté d'vn
Sulpitius Tribun du peuple, decernent cessation de la Iustice & de toutes affaires publiques; Et pendãt celles de Vitellius, il n'y
a point de loix à Rome, les Iugemens s'y
foulent aux pieds, & decident à la pointe
de l'éspée & par force; comme si le droict
estoit dãs les armes, lesquelles esblouyssent
tellement la veuë, qu'elles empeschent de
voir les loix, contraires aux decrets, que
bien souuent on propose, & escrit.

Les corps affligez de longues maladies
engendrent de mauuaises humeurs: La
guerre est vn regne d'Androphages, où on
ne tient conte de Iustice, d'equité, ny de
Loy. Elle est d'vne humeur farrouche &
agreste, impitoyable, implacable, change
& muë le vin en sang, non vne fois, mais
iusques à la troisiesme; dépeuple, tous
pays & nations des gens de bien qui y sont,
prouigne & laisse en leur place vne formi-
liere de tous crimes & vices: & auec tous
ces maux, se fait suyure de la peste & de la
famine; fleaux de Dieu, & coups de son in-
dignation, que les Iuifs pour leurs grands
forfaits ont senty, expérimenté & beu iusques à la lie, au siege, prise & saccagement

de la saincte Cité, Luy mesme leur annonce
auparauãt qu'il les fera tresbucher par telles verges & punitions, & que son œil ne les
espargnera point, pource qu'ils ont pollu
son sanctuaire, & changé ses iugemens en
vne meschanceté pire que celle de tous les
autres peuples. Vostre grande ville, siege &
domicille de nos Rois, qui par les factions
estrangeres, est contrainte de se reuolter de
leur obeïssance, a sçeu pareillemẽt que c'est
de la misere d'vn siege, de la peste & de la
famine, & eust esprouué la mesme desolation des Iuifs, sans la misericorde de Dieu,
& la clemence de nostre grand Henry.

Telle est l'impieté & injustice des hommes, qui fait venir sur tout le monde l'espee,
la famine, la mort & perdition, iusques à
mettre sedition & esleuer vne gent en bataille contre l'autre : Voire qu'en ceste
angoisse & occision le mal est si grand & si
pressant, que celuy qui veut aller & se retirer de lieu en autre, ne le peut ; parce que
les villes sont troublees par faute de pain,
qu'aucun ne prend pitié de son prochain,
& qu'il y a crainte par tout. En somme, enuers les meschans il n'y a que guerre & destruction, point de paix.

Les justes, au contraire, sont rendus
joyeux par les saillies du matin & du Ves-

pre : Dieu enrichit leur terre alterée auec
abondance, arroule ses rayons, fait descen-
dre ses biens sur ses seillôs, benit son fruict,
appareille leurs bleds, reuest leurs campa-
gnes de trouppeaux, leurs costaux de liesse,
& couure leurs valées de fruicts : dont ils
s'escrient de joye en sa presence, & luy en
rendent action de graces eternelles. Et
quand à leurs personnes, il les deliure du
lacs, de la peste, de la flesche & de toute
mortalité, les couure & leur est pour targue;
les rend asseurez sous son aisle, fait que ses
Anges les portent en leurs mains, à ce que
leur pied ne heurte contre la pierre, & qu'ils
puissent marcher sur le lyon & sur l'aspic,
fouler aux pieds le lyonneau & le dragon,
sans aucun danger ny crainte.

REste à obseruer qu'en toutes guerres &
seditions ciuiles où estrangéres, on ne
doit iamais faire vertu de ne communiquer
aux mal-heurs de son païs. Si lors quelqu'vn
demeure coy, & se propose la neutralité, en
laquelle on croit estre à l'abry pour n'offecer
persône. Vn chacû estime de luy, à bô droit,
qu'il attêd l'issuë pour y accômoder ses des-
seins; Cependant sa riedeur, qui le fait lo-
ger au second estage, n'epesche point qu'il
ne soit trauaillé de la fumée de ceux d'em-
bas, comme de l'vrine de ceux d'enhaut, &

qu'il ne soit en fin la proye du victoieux.

En quel danger ne tombe les Thebains, pour auoir esté neutres, quand Xerxes vint en Grece. Et sans aller si loing ; Les Florentins qui quittent l'alliance de la maison de France , & ne veulent entrer en ligue contre elle auec le Pape , l'Empereur, les Rois d'Angleterre & d'Espagne , sentent bien tost apres les fruicts de leur neutralité. Il ne faut point faire vn pont d'autruy pour pescher en eau trouble : ny ietter les flambeaux entre les deux armées pour les faire combattre, & se retirer de la meslée, comme font les Prestres de Mars. Les pires de tous les hommes sont les Athées & les Tiedes qui ne sont d'aucune Religion , ou qui nagent entre deux eaux : Aussi Dieu les vomit de sa bouche. Le nombre des pecheurs ne diminuë point la coulpe, & n'y a point d'innocence, où il y a communion de crime.

Theramenes, qui se tient coy pendant la guerre Peloponesiaque , & le trouble d'Athenes, sans se mesler pour les vns ny les autres, est depuis delaissé de tous, à la mercy des Tyrans qui le font mourir. Les Phaselites , qui en la guerre conduitte par Cimon contre les Perses , ne veulent se tourner du costé des Grecs ny receuoir leur armée en

leurs ports ; achetent cherement leur folie,
par le degaſt de leur païs, l'aſſiegement de
leur ville, & le defray d'vne groſſe armée
qu'ils ſont contraints de payer. Et en la
guerre contre Xerxes, les Eſtats de la Grece aſſemblez à l'entrée de la Morée, ordonnent que les Enianiens, Dolopiens, Meliẽs,
Perrebiens, Magneſiens, Acheiens, Theſſa-
liens, & autres, qui au lieu de garder le pas
des Tempées, ſe ſeparent des autres, ſe ran-
gent & ſuiuent le party des Barbares, ſoient
decimez. Meſme qu'apres la iournée & victoire de Platée, les principaux des Thebains, autheurs que leur Cité s'alie auec les
Perſes, ſont mis és mains de Pauſanias, &
executez à mort.

Gedeon froiſſe & briſe auec les eſpines
du deſert, & des chardons, les principaux
de Socoth, abbat la tour de Phauuel, & oc-
cit les hommes de la ville : pource qu'ils re-
fuſent de l'aſſiſter contre Zebée & Salmana
Rois de Madian. Et ceux de Iabez de Galaad, qui ne ſe trouuent & viennent en armes auec leurs autres freres, pour aller contre les Benjamites, ſont mis au trenchant
de l'eſpée par les enfans d'Iſraël.

Les loix Romaines rendent ſerfs ceux
qui manquent en telles occaſions, comme
indignes de la liberté qu'ils n'õt voulu def-

fendre, & abãdonnér leurs corps pour eftre foëtez & mis en pieces. Les Perfes ordõnet & obferuent le mefme, tefmoin l'exemple funefte des trois fils d'Eobaze, que Daire faire mourir, pource que les menant en guerre, leur vieillard de pere le prie qu'il luy en laiffe l'vn d'eux : & pareillement de Pythius Bithynius, lequel quelques grãds feruices que fon pere ait rendus à Xerxes, pour lefquels il defire l'exempter d'aller à l'armée, eft condamné & mis en deux pieces aux deux coftez du chemin par où elle paffe.

A Sparte, ceux qui feulement fuyent d'vne bataille, & ce faifant metrent l'effroy au cœur des plus affeurez, font notez, tenus pour infames, & declarez indignes de tenir aucun office & Magiftrat en la chofe publique : Ceux qui les rencontrent en leur chemin les peuuent frapper impunement, faut qu'ils baiffent la tefte & l'endurent fans dire mot : On les cõtraint de fe faire rafer vne partie du poil, d'aller pauurement & falement veftus : Et eft deshonneur de leur donner femmes en mariage, & d'en prédre d'eux. Les Romains puniffent de mort ceux qui fimplement abandonnent leurs Enfeignes, ou le rang qui leur eft ordonné durãt le combat jugent infame, & font mourir

ignominieufement Appius Clodius , qui
par fon imprudence eft caufe d'vne grande
defaite de mer fur eux par les Cartaginois.
Et les Daciens, qui foubs la conduitte du
Roy Olor, perdent la bataille contre les Ba-
ftarnes; font contraints, lors qu'ils veulent
dormir, de mettre leurs pieds au cheuet, &
de feruir leurs femmes, comme elles les ont
feruis auparauant.

Parmy nous, les Nobles, qui font la four-
de oreille au ban & arriere-ban, par vileté
& moleffe de courage; ou qui pour eftre
par trop afferuis aux delices de leurs mai-
fons, abandonnent leur Prince & l'Eftat,
pendant que ceux qui ont de la valeur ex-
pofent courageufement leur vie pour leur
conferuation : font priuez pour quelque
temps de la jouyffance de leurs fiefs, & mul-
ctés d'amende, qui leur eft vne grande infa-
mie & fleftriffeure d'honneur; Iufques - là
que par vne Loy des anciens Gaulois; lors
qu'ils conuoquoyent les gens de guerre és
armées, celuy qui venoit le dernier eftoit
tourmenté iufques à la mort. Si donc
noftre natió, noftre pays eft en guerre côtre
qui que ce foit ; Trouuons nous à la iournée de Salamine pour eftre participans du
commun peril des Grecs. Donnons libe-
rallement nos terres, villages & autres biens

à la deffence de nos Rois, de nostre patrie,
contre tous barbares, estrangers, & autres
qui les voudront opprimer.

Les Atheniens, quelques miseres presentes & incommoditez qu'ils reçoiuent en la
guerre du Roy des Perses, ne peuuent estre
induits par Mardonius par offres ny par
presens de prendre son party, ou se tenir
neutres: ains se resoluent de faire paroistre
derechef au Barbare leur vertu & courage,
duquel ils ont si dignemét combattu pour
la liberté commune des Grecs. Les hommes Dephraim s'offencent & querellent
Gedeon, de ce qu'il ne les a appellez auec
luy contre les Madianites. Tellus Athenien
est reputé vn des plus heureux de son téps,
de ce qu'il vit en homme de bien, & meurt
honorablement en deffendant, & s'oppo-
sant aux outrages faits à son pays. Pericles
appelle immortels ceux qui meurent en la
guerre de Samos. Et vn autre Ancien dit,
que si aucun en la deffence de sa patrie, re-
pousse le desastre qui la menace de ruïne, &
venge en guerre la mort des siens, soit qu'il
meure en la bataille, ou viue, que sa gloire
ne meurt iamais. Pour reluire cóme Estoil-
les au firmament, il ne faut que sauuer vne
ame de mort, retirer de perditió quelqu'vn
des pecheurs.

On peut bien mourir en vne iuste que-
relle , & non pas y demeurer vaincu.
Les Martirs qui sont morts pour la
cause de Iesus-Christ , ont trouué en leur
mort vne victoire & vne couronne incorru-
ptible : Et celuy qui est appellé l'Eternel
nostre Iustice, au combat qu'il a eu contre
Sathan , le monde & la mort , a englouty
la mort en victoire, destruict celuy qui en
auoit l'Empire, triomphé de tous ses ennemis, iceux despoüillez & menez en mostre,
en signe qu'ils ont esté vaincus : & repris
quant & quant sa vie en gloire & Majesté
eternelle pour nous.

Ce mesme amour qu'on doit à la patrie,
fait que Brutus , qui auparauant ne daigne
saluër Pompée, & qui tient mesme à grand
deshonneur de luy parler (pource qu'il est
l'homicide de son pere) se met neantmoins
de son party , qu'il croit estre plus iuste que
celuy de Cæsar ; propose les affections publiques aux particulieres : dit auec Caton
d'Vtique, qu'en guerre ciuile on doit es-
pouser & se mettre tout à faict du costé de
la Iustice ; que quelque succez qui en arriue , il tourne tousiours à vne tres-glorieuse
vie, ou à vne tres-glorieuse mort.

Tant y a que la bouche de l'Oracle n'a
assez de puissace pour d'esmouuoir Protesi-

laus de ceste saincte affection, de porter sa
vie auec les siens au siege de Troye, encor
qu'elle luy predise qu'il y mourra. Le deuin
Themistias, qui est asseuré de la déconfitu-
re qui doit arriuer des Lacedemoniens dās
le pas des Termopiles, refuse de retourner
en Lacedemone: Il veut combattre, vaincre ou mourir. Callicratidas, Capitaine
general d'vne grande armée de mer, auquel
auant la bataille des Arginenses, est presa-
gé par les signes & entrailles des sacrifices,
que les siens seront victorieux, mais qu'il y
finira ses iours; substituë vn autre en sa place pour commander(venant faute de luy)
puis va joyeusement au combat, où les ennemis sont déconfits, & luy mis à mort.

Bref Moyse oblige & fait passer au de ça
du Iourdain les enfans de Gad & de Ruben
pour batailler auec leurs freres en la terre
de Canaam. Marius, qui harangue ses Soldats contre Iugurtha, leur propose le nom,
l'honneur de leur nation, pour l'amour duquel il dit qu'il se trouuerra en personne sur
les rangs dans le combat, pour leur y seruir
de Conseiller & compagnon au peril. Et
afin que l'vnion & concorde des Grecs(qui
s'assemblent contre les Perses) soit plus as-
seurée pour conduire à chef ceste guerre;
ils s'obligent volontairement de ne prese-

rer point leur vie, à la liberté ; de n'aban-
donner leurs Capitaines ny vifs ny morts ;
d'enseuelir ceux qui seront tuez en la bataille ; & que venant au dessus des Barbares,
ils ne destruiront iamais ville ny Cité qui
ait aidé à les deffaire ; ny ne r'édifieront aucuns des Temples bruslez ou rasez par eux,
à ce que telles ruïnes & incendies soient à la
posterité pour memoire de leur impieté.

Tel est le deuoir de tous les gens de bien,
qui sont amateurs de leur patrie, & de tous
vrais & fideles sujects & seruiteurs du Roy ;
lesquels les deffences d'Antigonus ne peuuent empescher de s'hasarder aux occasiós,
& mourir honorablement en combattant
pour Sparte ; ny moins les diuertir, de s'opposer courageusement aux passages des
Barbares, & de se trouuer les premiers, non
les derniers au combat : parce qu'ils craignent plus le reproche & deshonneur que
le peril, qu'ils ont plus de honte que de
crainte de leurs superieurs.

APres tout, Sire, de toutes les guerres, il
n'y en a point à comparaison, de si dé-
plorables que les Ciuiles, quelques pretex-
tes qu'elles ayét, qui reduisent en misere &
seruitude, ceux qui enclos de mesmes murailles & mesmes maisons, sont gouuernez
par mesmes loix & mesmes façons de vi-

ure , esquelles souuent il semble que plusieurs sont engendrez d'vne engeance per-
nicieuse, pour perdre le fruict auquel la vertu de leurs ancestres a comme donnè naiſ-
sance.

Othon, apres auoir perdu la bataille contre Vitellius: quoy que nouuelles legions
& armees luy viennent de toutes parts, qu'il
a l'Egypte , le Senat de son costé, & les
femmes & enfans de ses ennemis entre ses
mains: Il dit à ses soldats, que s'il a esté iugé
digne par leur eslection de tenir l'Empire,
il le doit monstrer alors, en ne feignant de
dépendre sa vie pour le bien & salut de
son pays: Que la guerre qu'il a sur les bras
n'est ny contre Pyrrhus ou les Cimbres,
pour combattre à qui demeurera la posseſ-
sion de l'Italie ; ains contre les Romains
mesmes ; où le vainqueur & le vaincu ne
peuuent qu'ils n'offencent leur pays: Que
quãd il demeurera le plus fort, il ne luy peut
iamais tant profiter, comme il luy fera de
bien en se sacrifiant pour la paix, vnion &
concorde de ses Concitoyens. Il sçauoit
que toutes guerres ciuiles sont tousiours
contre soy-mesme, & que ceux qui s'entre-
rongent & entremordent sont consom-
mez l'vn par l'autre. En vn mot , que
tout Royaume, toute ville & maison diui-
sez ne

fez ne peuuent fubfifter, & font en fin
reduits en defert & defolation, quelques
grands & puiſſans qu'ils foient: Ce que la
nature meſme & l'experience nous font re-
cognoiftre. Le feu feparé du tifon s'efteint;
Le nauire def affemblé n'attẽd que le naufrage; le corps démembré n'eſt plus corps;
l'homme plus homme, ſi l'ame s'en fepare;
la Couronne meſmes miſe fur la teſte des
Rois perd fon nom, ſi elle eſt delpecée:
Ainſi n'y a choſe ſi haute que la diuifion ne
face cheoir; ſi grande qu'elle n'abaiſſe; ſi
ferme & folide qu'elle n'esbranle; ne ſi durable qu'elle ne confomme & ruine.

Il y a de plus, Que relles guerres oftent &
perdent l'vnité qui anime de vie & d'eſprit
les Eſtats, & par le dommage qu'elles y ap-
portent par leurs propres forces & confu-
fions, font d'ordinaire qu'ils font aguettez
& fouuent faits la proye de ceux qui les
voifinent, & qui fous main prouignent tels
defordres & feditions, pour faire (comme
Eumenes) combattre Macedoniens contre
Macedoniens; le pere contre le fils, le fils
contre le pere: fe deffaire & tuer eux meſmes par eux meſmes, pour puis apres les
commander & feigneurier: O que ie crains
grandement qu'il n'y ait eu, & n'y aye encores, non vn, mais plufieurs Eumenes en

ce Royaume, qui par eux ou leurs Seminai-
res par melmes voyes en procurent & de-
mandent la desolation. De l'abondance du
cœur ie trace ces lignes, & ne peux refuler
la parole à mon estomach : mon affection
est aux Lys, à voitre Majesté, à sa maison
Royale, au bien & paix de l'Estat.
Et quoy que volontiers ceste harmonie ne
soit douce & agreable à tous, si ne laisseray-
je de la chanter en l'honneur d'Antige-
nidas, Ie dis de vous, Sire, & de tous vos
bons, fideles & loyaux seruiteurs. Car Dieu
me le commande, qui est nostre Roy Sei-
gneuriät & maistre de tous. Aussi que nous
viuons parmy vn Ocean d'injustices, de
troubles & calamitez, où nous ne voyons
aucune terre ferme : ains vne vague rou-
le dessus l'autre, auant que la premiere ait
acheué sa course ; & les mal-heurs nous ta-
lonnent, & semblent debattre ensemble à
qui aura la place, comme si par faute de se
haster, ils auoient peur de perdre leur tour.

La des-vnion & guerre des Grecs les
vns contre les autres, sont cause de leur to-
ralle destruction ; De ce que premierement
ils sont faits prisonniers des Macedoniens ; puis esclaues & Serfs des Romains.
Et Rome reçoit plus de maux des seditions
& partialitez de Marius & de Sylla, que tous

ſes ennemis enſemble ne luy en ont peu iamais faire ſouffrir; tant l'homme meſchant
à ſon Roy, à la Republique, à ſa patrie, eſt
vne beſte ſauuage & cruelle, quand il a en
main le moyen & la puiſſance d'executer
ſa paſſion. Car principalement où l'ambition produit ces calamitez, tout reſpect de
Royauté, d'amitié, de ſang & de patrie
eſt oſté & foulé aux pieds : Là Ciceron
abandonné par Cæſar, pris le premier en
la conſpiration du Triumvirat; & par le
conſentement d'Anthoine, le frere de ſa
mere, mis au nombre des proſcripts : Là
les alliez, parens & amis s'entretuent, & ne
craignent dans le propre ſang des leurs,
d'enſanglãter leurs glaiues. C'eſt le tableau
des miſeres de la France, quaſi de ſiecle en
ſiecle.

Certes, c'eſt vne merueilleuſe deſtreſſe à
vn bon ſeruiteur de Roy, bon Citoyen, de
voir aſſeruir l'Eſtat de ſon Prince, ſa Republique, ſes Concitoyens. Conon a plus de
deſplaiſir des feux & ruïnes faits par les Lacedemoniens à Athenes (qui eſt ſon pays)
qu'il n'a de joye de l'auoir reſtitué & remis
en liberté. Bien eſloigné de ces ames
ſeditieuſes, à qui le tumulte eſt vne ſemen-
ce au deſordre qui n'ont aucun repos que
dans les troubles, ny aucuns troubles que
dans la paix.   D ij

Ceux qui font tels ont beau fe pretexter du
zele de la Religion, de la reformation des
Eftats, du bien public, & du feruice & authorité de leur Prince ou de leur Republique : tout cela en eux n'eft que piperie, in-
tereft particulier, auarice, ambition, ou ef-
prit de vengeance, qui fait paffer tels de-
mons incarnez par deffus tout refpect Diuin & humain, pour affouuir leur rage &
furie aux defpens du fang, de la vie & des
biens de leurs Compatriotes, comme tous
les iours, en tous lieux, les euenemens le iu-
ftifient.

Pour cefte caufe les Romains, tant que
leur Republique a duré en fa fplendeur,
n'ont iamais octroyé le nom d'Empereur,
ordonné proceffions publiques, ny decer-
né les honneurs des Courónes de l'auriers,
d'Oüations, & de triomphes à Scipion Na-
fica, Opimius Cinna, Q. Catulus, ou autres, pour victoires qu'ils ayent rapportées
fur les Gracches, Lepide, Catilina, ou entr'eux mefmes. Ce que nos liures fainéts re-
marquent plus dignement, quand ils difét
que les Ifraëlites, qui pour le peché énorme
des Benjamites, lefquels violét la femme du
Leuite, s'arment cótr'eux; Au lieu de fe glo-
rifier de leur deffaicte, publient le jeufne à
caufe de leur ruyne, pource qu'ils font

leurs freres, Et que l'armée de Dauid retour
nant victorieuſe de la bataille contre ſon
fils Abſalon, s'eſtonne daus la ville toute
peneuſe & honteuſe, comme ſi elle euſt fuy
& eſté vaincuë.

Mais, dira quelqu'vn, Qui peut éuiter ces
guerres, remuëmens & ſeditions Ciuiles,
qui procedent de la Iuſtice de Dieu ſur les
peuples, qui attirent par leurs pechez l'a-
larme & la froiſſure, & luy font ouurir ſon
Arcenal, & en tirer les armes de ſon indi-
gnation, pour eſmouuoir Egyptiens contre
Egyptiens, pecheurs contre pecheurs, batailler vn chacun côtre ſon frere, Cité contre Cité, & Royaume contre Royaume; Où
le Sacrificateur eſt tout ainſi que lo
peuple, le ſeruiteur comme le Seigneur, la
Dame comme ſa ſeruante, & où la malice
deuore la ville & le peuple pour leurs inju-
ſtices & meſchancetez, il faut premieremét
recourir & retourner à Dieu, qui préd com-
paſſion des ſiens toutes-fois & quantes que
retournans à luy, ils luy côfeſſent en amer-
tume & contrition de cœur leurs iniquitez,
& s'en deſtournent.

Vn Payen, parlant de Rome au commen-
cement de ſon Empire, nous dit que l'vn
des Conſuls mort, l'autre fort bleſſé, les
plus grands du Senat, la meilleure partie

des Nobles, toute la fleur de la jeuneſſe,
comme abiſmée dans le ſang de tant de
combats ſouſtenus ; toutes choſes eſtans
ſans eſperance, ſans Chefs ne force, que
la ville eſt conſeruée par le ſeul ſupport
des Dieux auſquels on a recours. En vn autre endroict il en rend ceſte raiſon, que toute crainte des Loix & de chaſtiment miſe
arriere, elle eſt gouuernée par le ſimple ſer-
ment & par la foy : Ce qui fait dire à l'Ora-
teur Romain qu'il n'y a rien de ſtable, où il
y a de l'infidelité ; & que comme vn Eſtat,
vne ville eſt conſeruée par la benediction
des droicturiers, & demeure heureuſe
quand la Iuſtice & la Foy y regnent vigou-
reuſement : que tout de meſme elle eſt
ſubuertie comme en vn moment par la
bouche infidelle & injuſtice des meſchans.

Que ſi les Payens recourans à leurs faux
Dieux, & faiſans regner la Iuſtice, ont creu
par là eſtre exancez ; que ne nous promet-
trons nous point des compaſſions de noſtre Dieu viuant & vray recourans à luy,
qui bande la playe, & fait que la ſeptieſme
calamité ne touche point aux ſiens.

IE ſçay bien (Sire) qu'au regard de la
guerre preſente, qui eſt dãs voſtre Eſtat,
vous demãde la Iuſtice & obeïſſance d'au-

cuns de vos ſubiects de la Religion, & que
tant de ſang qui s'y eſt deſia reſpandu pro-
cede de ce que pluſieurs d'entr'eux ſe ſont
aſſemblez & continué leur aſſemblee en
voſtre ville de la Rochelle, contre voſtre
volonté & commandement ; que c'eſt à
eux de baiſſer l'eſpaule ſous voſtre domina-
tion, vous demander pardon, & ſe remettre au chemin du deuoir. & que le faiſant
ils trouueront grace, & des robbes de re-
change. Mais, Sire, quoy qu'ils s'endurciſ-
ſent & demeurent obſtinez, voudrez vous
pour l'amour d'eux que l'innocent periſſe,
& que voſtre Royaume, vos peuples ſoient
dans le ſang, dans le carnage & brigandage
continuel ; Pluſtoſt eſperent ils, que Dieu
qui conuertit le cœur des peres enuers les
enfans, & appelle les rebelles à la prudence
des juſtes, duquel la clemence & miſericorde ſe glorifie par-deſſus ſa Iuſtice, conuer-
tira voſtre cœur, qui ſe laiſſera aller & gai-
gner à eux, pour couurir en quelque ſorte la
hõte & le reproche qui autrement les ſuit.
Et qu'en leur pardonnant & faiſant garder
vos Edicts de Pacification, vous leur ferez
ſentir voſtre affection & bonté, vrayement
paternelle, non moins que le deffunct Roy
d'heureuſe memoire (voſtre tres-honoré
Pere)a faict à ceux, qui auparauant, & depuis

son aduenement à la Couronne, auoient
par reuolte pris & porté les armes côtre luy:
& qu'ainsi vous donnerez la paix, & le cal-
me à cét Estat,

Sire, ne sçauez vous pas qu'en fait d'é-
motions, il n'y a rien de plus salutaire que
les conseils pacifiques ; & que la premiere
victoire de la guerre est par vne Amnestie
generale & oubly des choses passees de par-
donner au vaincu. Qu'il faut sacrifier à la
Déesse Lethés, boire des eaux des Sacrifices d'oubliance & de memoire; se sou-
uenir des choses bien faictes, oublier les
meschantes : Que Vespasien donnant la
paix à l'Empire, tant s'en faut qu'il face aucun desplaisir à ceux qui ont suiuy le party
de Vitellius, qu'il marie sa fille honorablement auec vn riche dot, & la meuble de
toutes sortes de joyaux. Qu'Auguste n'vse
de moindre liberalité enuers les enfans
d'Anthoine, apres qu'il l'a vaincu ; Que
l'Empereur Seuere faict le mesme à l'en-
droit du fils & de la fille de Plautiá; Qu'ainsi Cæsar se porte humainement enuers les
Senateurs Romains, prisonniers à la victoire qu'il obtint contre Pompée, sans voir ny
permettre qu'on face aucun extraict des
papiers de son ennemy; ains les fait brusler,
quoy que les voiant, il peut descourir ceux

qui luy sont cótraires; Que le mesme auoit
fait Pompée des papiers de Sertorius, qu'il
saisit en Espagne, entre lesquels sont plusieurs missiues des principaux du Senat qui
l'appelloient à Rome, pour y faire vn nou-
ueau remuëment, & que par-là il donne
temps à ceux qui auoient eu mauuaise volonté de se repentir & corriger. Tous ces
grands personnages iugeans sainemét que
telles actions sont les plus conuenables &
asseurez moyens pour maintenir & accroi-
stre les Estats & rendre le regne des grands
Rois doux & dessalez à boire à leurs subjets.

Les Rois, Sire, premier que commencer
leur regne, doiuent manger vn torteau de
figues auec du Terebinthe, & boire du vin-
aigre & du laict: sçauoir se porter moderé-
ment en leur particulier, & enuers leurs
subjets. Lors que Dauid veut traitter des
deux poincts d'vn Royaume bien reglé;
Il dit qu'il chantera à Dieu de gratuité &
droicture, à sçauoir de la Iustice & Clemence, qu'il s'oblige d'obseruer en son admini-
stration; Et ce ayant esgard à Dieu, qui est
le Dieu des misericordes, dont les compaf-
sions & gratuitez sont eternelles, au lieu
que ses indignations ne sont que d'vn moment. Philippes I. fils de Henry I. iure à son
Sacre au nom de Dieu tout-Puissant, de

bien gouuerner ses subjets mis en sa garde,
& que de tout son pouuoir il fera iugemẽt,
Iustice & misericorde. Et le Roy Artaxer-
cés, qui se qualifie Empereur de plusieurs
nations (tenant toute la terre en sa domina-
tion) ne se veut esleuer à cause de la grandeur de sa puissance, ains desire gouuerner
ses subjets par clemence & douceur, à ce
que sans aucune crainte ils vsent leur vie en
repos, & que son Royaume rendu paisible
& sans danger, il renouuelle & asseure la
paix desirée de tous les hõmes. Sire, le Roy
des Abeilles n'a point d'aiguillon; la nature
luy a osté son dard, & desarmé sa cholere,
les armes naturelles des Rois sont la clemence & benignité, quelque offence qu'ils
reçoiuent.

Ce Roy sainct seruiteur de Dieu, qui
reçoit plusieurs indignitez & outrages de
Semei, ne permet qu'il luy soit faict aucun
tort; parce qu'il sçait que ce n'est chose
bien-séante ny digne d'vn Souuerain de se
remettre le meffait en memoire, & y penser
tant soit peu, & qu'il faut quitter la debte
à celuy qui nous doit tant & plus. Ainsi
Antigonus desgage d'vn chemin fascheux
ceux qui le maudissent, & par cét office leur
donne sujet de le benir. & Clotilde II. par-
donne & sauue la vie à Eudemond Euesque

de Sion, qui a pris charge de corrompre la
Roine Bertrude sa femme, pour le faire
empoisonner. Dieu qui est seuere à s'enquerir des crimes & delits, impose tousiours
les peines moindres que les fautes : Vostre
Estat, pour estre heureux, doit estre formé
par Peintres qui vsent d'exemple Diuin ;
C'est l'espée que Dieu vous met en main
pour coupper & deslier le nœud Gordien,
pour nous donner la paix ; & faire que
vostre Majesté porte à l'entour de son Dia-
deme & de ses bras, ses graces & benefices
plus singuliers.

Sire, vous auez tesmoigné du contente-
ment, en la joye & allegresse que vos subjets
& habitans de vostre bonne ville de Paris
ont reçeu de vostre heureux retour. Ce iour
plus volontiers que les autres, doit estre vn
temps agreable & de salut à vos peuples,
Les mois de l'Hieromene de Iupiter ; les
Iours blancs de Pericles, esquels on doit es-
perer paix & prendre toutes sortes de bône
chere & recreations ; le temps de la Barque
sacrée, feste & solemnité Delienne, ou il
n'est loisible de punir aucun : Faites donc
que ce soit l'An & le Iour de bienueillance,
en donnant & publiant la lumiere, la liberté & la paix à vos subjects, qui la demádent
si ardémment, & leur est si necessaire ; Espan-
dez à ceste fin sur ceux qui vous ont offencé

voſtre largeſſe d'indulgence & de pardon, afin que ſe refugiant, non à l'effigie du Roy Ptolomée, mais à voſtre Majeſté, ils y trouuent grace & ſeureté pour touſiours. Faiſant ainſi, vous ne ramenerez point les choſes les plus magnifiques du monde aux ſyllabes, qui ne font que diminuer & gaſter l'entendement, ains mettant toute vengeance & Iuſtice ſoubs les pieds de voſtre miſericorde, & tous vos ſubjects ſoubs voſtre obeïſſance; vous aurez cette gloire & loüange; non d'auoir ſurmonté les Perſes où les Medes, mais toutes ſortes de paſſiõs, & la crainte de la mort meſmes, qui a vaincu les vainqueurs de tout le monde.

Sire, les peres qui pardonnent, ne perdẽt rien de ce qui eſt de la vengeance; Ils ont beau eſtre irreſolus entre la douleur & l'amour, il n'y a point d'offence aſſez forte pour faire mourir leur affection; malgré eux ils ſont contraincts d'aimer : ils menacent, mais ils ne condamnent pas; quand ils accuſent, ils excuſent, & iamais leur amitié ne ſe laiſſe ſurmonter par la haine : autant defois qu'ils ſe colerent, ils s'appaiſent & ſe reconcilient; la pieté les gaigne, & la nature, qui retient touſiours ſes droicts, les rameine auec les mains de l'amour : Ainſi Dieu, qui voit le train inique de ſes

enfans, ne laiſſe de les guarir, leur rendre
& donner ſes conſolations.

De meſme (Sire) vous qui eſtes noſtre
Roy, noſtre pere & noſtre Paſteur, en pre-
nant plaiſir de chercher la brebis eſgarée,
vous la ramenerez à voſtre trouppeau: Car
vous eſtes plus faict pour vos peuples, que
vos peuples pour vous. Et bien que voſtre
nom ſoit grand, & voſtre puiſſance ſelon
voſtre parole ; que voſtre bras ſoit long
eſtendu ; & que nul ne peut ny doit dire au
Roy que fais-tu, ny moins mal penſer ny
preſumer de ſes deſſeins, de ſa volonté;
Neantmoins, ſçachez que voſtre grande
puiſſance conſiſte pluſtoſt en la pieté qu'en
la rigueur, en la miſericorde qu'en la Iuſtice; puis qu'auec le nom de Roy, vous por-
tez celuy de Pere, qui eſt vn nom d'humanité, qui non-ſeulement repurge les maladies auec vn miel doux & benin, guarit les
vlceres, & ſauue la vie de ſes enfans, quelque ingrats & deſobeïſſans qu'ils ſoient,
mais auſſi en ſoulageât leurs cheutes, a ſoin
que leur cicatrice ne ſoit des-honneſte. Il
n'y a que les ennemis iurez qui foulent aux
pieds les miſerables & calamiteux.

Derechef (Sire) vous eſtes la loy viue,
l'ame, le lien, l'eſprit vital de voſtre Eſtat, le
conſeruateur des loix, Le Pere de la patrie,

l'image viue & parlante de Dieu immortel:
& pourtant voſtre ornement plus digne,
qui ſied mieux à voſtre grandeur, eſt la
Couronne Ciuique: Voſtre perpetuel ob-
ject (entant qu'en vous eſt) doit eſtre de
ſauuer & garentir vos peuples de tous maux
& deſolations, & par voſtre addreſſe & oc-
cupation les faire viure à l'aiſe, & leur four-
nir temps & matiere de ſe reſiouïr. Le bon
berger met meſme ſa vie pour ſon troupeau
aux extremitez du peril, & ne permet qu'il
ſoit deuoré par les lyons, les tygres & loups
des bois. Iean II. Roy de Portugal n'oit pas
pluſtoſt dire qu'il y a vn oyſeau qui de ſon
bec deſchire ſa poictrine (pour redonner
par l'effuſion de ſon ſang la vie à ſes petits,
morts par la morſure des ſerpens) qu'il fait
adjouſter ſon pourtraict à ſes Armoiries,
pour teſmoignage qu'il n'eſt moins preſt
d'eſpandre le ſien pour le ſalut de ſes ſubjects. Ainſi Anthonius fait priere aux
Dieux, s'il y a quelque meſchef à aduenir
ſur ſon armée, qu'il tombe ſur luy ſeul; Dauid, Roy ſur Iſraël, fait le meſme; & le Fils,
ſur les eſpaules duquel l'Empire a eſté mis
par le Pere, donne ſa vie, pour garentir les
ſiens de la mort.

Les Rois d'Ethiopie, qui en leur gou-
uernement prennent ceſte maxime, ſont

tellemēt aimez & honorez de leurs subjets,
que si par naissance ou accident, ils sont debilitez en aucune partie de leurs corps, leurs
domestiques & principaux amis & seruiteurs, mutilent & affoiblissent en eux ceste
mesme partie, & tiennent que ce leur est in-
famie leur Roy estre boiteux, & qu'ils ne le
soiēt pas: Ce qui fait remarquer à vn ancien
Historien, qu'il est comme impossible aux
peuples d'Ethiopie de machiner & entreprendre aucune chose contre telle vnion
d'vn Roy & de ses subiects, qui ne vise
qu'à vn commun salut. De fait, lors que les
Rois n'ont qu'vn mesme vouloir auec leurs
peuples; que les vns par vn juste commandement, les autres par vne sincere affection
& prompte obeïssance, contribuēt ce qu'ils
doiuent à leur commune conseruation, il
ne s'est iamais veu de reuolte en leurs estats.
L'œil des Rois, la main droicte, & les doigts
estendus des subjects, suffisent pour les garder, maintenir & conseruer, puis que viuās
ainsi, Dieu en est le fidel gardien & conser-
uateur.

Or, Sire, pour leur faire trouuer & esprou-
uer ces remedes; Vous auez la Roine vostre
mere pres de vous & Monseigneur le Prince, qui seconderont vos bonnes & sainctes
intentions, & plusieurs bons anciens & fi-

deles Conseillers d'Estat, qui par l'experience qu'ils ont du passé, peuuent consulter à leurs propres Oracles, vous en donner
l'ouuerture & les moyens; representer a vostre Majesté que les esclats de foudre attei-
gnent peu de personnes, encores qu'ils ef-
frayent vn chacun; que vos chastimens
doiuent faire plus de peur que de mal, à
ce que vous soyez plus excellent en benignité, qu'en vaillance & en force, & que
vostre Statuë mise au Temple auec celles
des Princes pitoyables, vous puissiez an-
noncer condamnation sans misericorde à
ceux qui ne font point misericorde.

Vous estans feables, & amateurs de la
paix & honneur de vostre regne, ils vous
conseilleront genereusement auec Iustice
& raison, sans s'esmouuoir ny soucier d'aucunes paroles, injures & calomnies qu'on
puisse vomir contr'eux; & quelque danger
qui se presente en la mer des affaires publiques, sans s'arrester aux larmes des mauuais
passagers qui tirent du cœur & se tourmen-
tent d'effroy, ils monteront les premiers
en la barque, & vous feront mettre les voi-
les au vent, pour nous mener & conduire
au port de salut & de paix, tirans & traisnás,
malgré eux, à force dans vostre nef tous
Conseillers d'infidelité, que l'intéperance,
le mal,

le mal, l'ambition & la luxure effeminent &
predominent, où qui priuez de toute raison
se laissent emporter au courant.

Tous ne sont pas propres de donner bon
conseil : Il faut pour ce faire vn esprit mer-
ueilleusement fort, vn iugement solide &
arresté, vne grande & longue experience, &
sur tout vne bonne conscience ; les enfans
de la chair sont chauue-souris aueugles, au
faict de bien conseiller. On ne reçoit iamais
de reproches de se soubsmettre aux plus Sages : Ceux qui se veulent ingerer de conduire
tout par leur esprit fourchu, & dőner adres-
se du chemin dont ils ne sçauent sentier ny
route, & qui en se deceuans, se croyent capables de toutes choses, se fouruoyent, & font
fouruoyer les autres, & leur gangrene & ma-
ladie est à la mort.

Non, Sire, la conseruation des Estats &
Empires ne cősiste point en l'entretië des mu
railles tres fortes, aux portiques, Tẽples & Col
leges, ny aux armées & vaisseaux de mer, qui
sőt toutes choses que le temps consőme, ores
que souuent elles eschappent des mains des
ennemis; ains en ce qu'ils soient bien establis
& gouuernez par bonnes loix & prudens
Conseils, desquels on doit laisser le iugemẽt
à ceux qui essayent l'or au feu, qui en peuuent
distinguer la nature & la qualité ; non à ceux

qui simplement ne le font que fouyr & tirer des mines. Les grands Princes qui se retirent ainsi d'eux - mesmes , pour considerer & consulter exactement auec leurs bons & fideles Conseillers les grandes choses qu'ils entreprennent, & qui donnent accés à tous , ont plus d'aduertissemens & de meilleurs, que sept guettes assises sur vne haute tour ; leur esprit voit de plusieurs yeux, oit de plusieurs oreilles, sent & apprēd de loin tout ce qui se fait & se doit faire pour le bien & lien de paix de leurs Estats.

Sire , le Palais sauoure les viandes; Vostre Majesté peut recognoistre au goust les paroles des gens de bien , & s'arrester à ceux de qui elle a fait preuue, qui ont veu & voyent clair dans les affaires au dedans & au dehors de vostre Royaume , & qui portent partie & peine des afflictions & calamitez publiques; Ceux qui sont tels ne vous peuuent estre suspects; Ils ne vous conseilleront point pour leur interest particulier , ny ne mettront iamais vostre Estat en aucun hazard; ainsi ils iront par vn chemin sec , où il n'y a point de faux pas;promeneront leur ame auec integrité, non par les biens corporels , mais par vne routte certaine vers le Dieu de paix , où il n'y a aucun choppement : & ainsi francs de passion, de haine, d'ābition, de colere & de par-

tialitez qui pourroient apporter quelques
obſtacles à leurs Conſeils, l'aſſeurance publique leur ouurira la porte aux moyẽs qu'ils
ont de bien faire & bien conſeiller. Lors que
les affaires ſont balancées & dirigées par vn
bon & ſainct concert, l'iſſuë en eſt touſiours
bõhe & heureuſe, au prix de celles eſquelles
nous n'apportons que nos ſens, qui ne voyẽt
iamais clair en ce qui leur eſt le plus propre.

Ne croyez-point, Sire, aux beſtes mali-
gnes, mordantes, veneneuſes, qui vous voudront empeſcher d'vſer de voſtre bonté de
nature: ce ſont des Cameleons qui prennent
toutes autres couleurs, fors que la blanchè:
Des Gueſpes qui mangent le miel des auet-
tes, qui cornans & trompettans la guerre,
eſtendent les rets deuant les pas & la vie
de vos pauures ſubjects, pour faire que
vos finances ſoient pluſtoſt dons d'impu-
nité que reſcompence de vertu. Leurs
ſemblables ont obligé Ioſaphat à la guerre
contre Ramoth Roy de Galaad, où il ſe trouue à deux doigts de la mort; & ſont demeu-
rez aupres de Perſeus, non pour amitié qu'ils
luy ont, mais pour ſon or & argent: Iuſques-
là qu'ils ont induict le Roy Dauid d'oſter injuſtement les biens à Miphiboſeth
pour les bailler à ſon ſeruiteur: Rejettez-les
& tournez viſage à tels ſeducteurs, qui nous

veulent faire mãger du fruict de l'arbre def-
fendu , afin que nous perissions auec eux Et
quand bien par fois ils vous diroiẽt quelque
verité , ne les escoutez du tout point ; car ils
ne vous parleront iamais selon Dieu que
pour vous tẽter tromper & seduire (s'il estoit
en eux) Iesus-Christ , commande à Sathan
de se taire , tance les esprits immondes qui
veulent rendre tesmoignage de luy : & deffend aux meschans de prendre sa parole en
leur bouche, & de la publier : Les clochettes
pendantes de la robbe d'Aaron , sont entre-
meslées de grenades ; Dieu n'aime point vn
son sans fruict : le figuier où il ne se trouue
que des fuëilles est maudit.

Sire , quoy qu'ils vueillent vous faire ac-
croire : Epheſtion ne leur est point apparu en
songe , ny n'ont veu voler l'ame de Cæsar au
Ciel : Pour Dieu mettez differẽce entre ceux
qui aimẽt le Roy , ou qui cherissent Alexandre : donnez liberté aux sages de parler ; pe-
sez l'integrité de ceux que vous appellez en
vos conseils, qui au contraire des statuës po-
lies, ont commẽcé leur formation par l'in-
terieur, sauouré la vertu , & fait essay de la
franchise ; qui ne mesurent point leur felicité
au ventre & és choses deshonnestes , ny par
l'or, le pourpre , les pompes ou les faueurs ;
mais qui aiment autant la verité , la fran-

chife, la Iuftice & la paix, qu'ils deteftent la
guerre, le feruage & toute flatterie. Tels
qui vous fuiuent & confeillent de frãc cœur,
doiuent eftre honorez des mets de voftre ta-
ble, & receuoir comme Iofeph, le cachet du
Roy. Vous, Sire, qui auez le tiltre de Iufte,
voudriez vous, vous cõfeiller de Iuftice auec
l'injufte ; de l'humanité à ceux qui par le
fang veulent defchirer leur patrie ; de la paix
à ceux qui ne refpirent que la guerre, & attendre aucune bonne ny faincte delibera-
tion de telles fortes de gẽs, qui offrẽt fimplement les paroles à voftre feruice, pour retenir
le negoce à leur profit. Ne doutez point qu'il
n'y ait encore au monde plufieurs Iudas qui
vous doiuent eftre fufpects : fi vous prenez
garde de pres à eux, ma plume ne deuancera
point en cela voftre iugemẽt. Dagon tombe
deuant l'Arche, la verge de Moyfe engloutit
celle des Deuins d'Egypte, & Dieu qui nous
eft pour exemplaire en toutes chofes, ne ma-
nifefte & dõne à cognoiftre fes fecrets & abif-
mes de fes bontez & mifericordes qu'à ceux
qui luy font les plus feaux, qui en fa Republique, en fa maifon, n'ont autre confeil ny
foin que pour le falut, paix & conferuation
des fiens.

Il ne faut qu'vn homme vertueux &
fage, qui ait reputation d'honneur &

E iij

de Iuſtice pour ſauuer toute vne ville, tout vn pays. A Veniſe, lors que ceux de la marine s'attachent aux habitans de la ville, & s'entretuent de ſorte, qu'il n'y a Duc, Senat ny Magiſtrat qui ne ſoit rebuté par force & violence ; Pierre Loredan, ſimple Gentilhomme Venitien, ſans aucune charge ou Eſtat, qui ſe monſtre ſeulement au milieu de leurs combats & leue la main haute, leur fait tomber les armes des mains : Chacun porte reuerence à ſa vertu, & tous eſblouys de ſa ſplendeur, ſe tiennent coy. Le meſme arriue à Florence ; là, la puiſſance humaine, les Loix & Magiſtrats n'eſtãs aſſez ſorts en vne guerre Ciuile entre les habitans, pour les arracher lés vns des autres ; L'Eueſque du lieu, reueſtu de l'habit Pontifical, qui auec ſon Clergé ſe preſente deuant le peuple, fait que tout à l'heure chacun s'arreſte & ſe retire en ſa maiſon. Et Alexandre le Grand, qui vient en furie auec ſon armée pour raſer la ville de Ieruſalem ; à la veuë du Souuerain Sacrificateur, tourne ſa fureur en crainte, & luy octroye tout ce qu'il demande, tant la vertu & preſtance d'vn ſeul homme, a ſouuent plus de puiſſance & Majeſté que les armes ny les loix. Sire, ſoyez noſtre Alexandre, & à la veuë du grand Sacrificateur, Roy des Rois (qui eſt le grand Dieu de paix) appaiſez

voftre jufte courroux enuers ceux de vos
fubjects qui vous ont offencé, & donnez la
paix & le repos à tous: C'eft voftre gloire, &
n'y a rien qui vous puiffe rendre plus heureux. Les dits de la Sapience ne parlent qu'en
Iuftice, en verité & en paix. Quelque con-
tredict qu'elle reçoiue, elle demeure tou-
fiours fur fon plan, & conduit l'homme à la
folidité, à la fin des fins, à la fin fouueraine.
Voftre magnificence eft en beaucoup de
peuples, qui font les aifles qui efleuent les
Princes, les rendent grands, forts & redoutez, au lieu que la Principauté fe dechet,
quand le peuple defaut.

Sire, ceux qui d'ordinaire entreprennent
la guerre, y efperent ou plus d'honneur & de
profit, qu'il ne leur y femble voir de difficul-
té; ce qui leur ofte toute apprehenfion du
mal qui en peut arriuer. D'autres qui pen-
fent plus aux inconueniens, aimét mieux
(ores qu'offencez) attendre de l'aduenir ce
qu'ils appellent hazard, que de prendre les
armes, & toutes-fois foit qu'aux vns & aux
autres il fuccede bien ou mal, il faut tou-
fiours reuenir à la paix.

Que l'homme attende & fe promette ce
qu'il voudra: il ne le peut obtenir qu'à l'aide
du temps: s'il laiffe le repos pour choifir la
guerre, il eft dépourueu de fens. Au premier,

par le cours de nature les enfans donnent sepulture à leurs peres ; En l'autre, l'ordre des choses est changé, & par vne insigne calamité les peres enseuelissent leurs enfans : l'vn fait iouyr vn chacun de ses biens, honneurs & dignitez, l'autre nous persecute & trauaille sans fin de mille maux, ne parle que de tuer, saccager, desrober, despoüiller les innocés, donner liberté aux larrons & meschans, d'éueiller les seditieux, & d'oster l'alliance aux amis.

Les Sages, qui ont experimenté la variation des cas humains, ne se confient iamais au roseau cassé des prosperitez presentes, ains obseruët que tous hommes sont égaux à auoir part au mal comme au bien, & que l'vn est plus durable que l'autre; que le cœur est dolent en riant ; & que la joye se finit par ennuy. Ce qui les fait viure tousiours en crainte de l'aduenir, se retirer du mal, & considerer leurs pas : Ils corrigent & éuitent aisément les maux, soit par leur propre mal, que par l'exemple de la misere d'autruy ; la fortune sur laquelle s'appuyent les fols & insensez, ne les abusent point en la guerre, ny ne les naurent par courroux en la paix : Ils sçauët qu'elle est de mauuaise haleine, qu'elle se desplaist à soy-mesme, & remplist d'vne mauuaise odeur tous ceux qui l'approchent.

que son visage noir, marque & tache tous
nos lours de quelque noir & sinistre accident; qu'elle se vest en desordre d'vne robbe
Royale, plissee à ondes & petits flots; de
troubles, inquietudes & dangers infinis, &
qu'ainsi variable, elle ecclypse quand elle est
en son plein, & en sa vicissitude & trepida-
tion, fait souuent que les vainqueurs tournét
le dos aux vaincus. Les Atheniens pour la
perte qu'ils font premierement à Delos, &
tost apres à Amphipolis, se repentent (mais
trop tard) de n'auoir fait la paix incontinent
apres qu'ils ont obtenu la victoire de Pile.

Quoy que s'en soit (Sire) la guerre est du
tout effroyable & plus que perilleuse, qui re-
doute ses propres forces & armes plus que
celle des ennemis; La haine de dedans l'em-
porte de beaucoup contre celle de dehors.
D'ailleurs, où le luxe & l'auarice regnét vne
fois; là où on loüange les richesses, & suit la
fetardise; que chacun n'a de côseil que pour
soy; que dans les maisons on est esclaue des
voluptez; & dans le Senat, de l'argent & de
la faueur; qu'il n'y a point d'authorité, que
ceux qui peuuent ne s'approprient où donnent à ceux qu'il leur plaist, ny d'or ou argét
du peuple, ny du fisc qu'ils n'attirent & dissipent en toutes façons, les Monarchies, les
Republiques & Estats ont beau estre grands

& puissans, si lors la tourmente vient, c'est en vain qu'on implore secours, rien ne peut sauuer du naufrage. Aux corps malades & debilitez, le moindre accident (bien que leger) y est d'vn extreme poids & consequence.

Sire, vous le premier, chacun à part, & tous ensemble doiuent aider perseueramment à procurer & donner la paix à vostre Estat, pour en destourner les funestes miseres & calamitez que nous en auons tant de fois ressenties. Quicõque en cela vous abandonnera & conseillera autrement, est indigne d'aucun honneur, n'est seruiteur de vostre Majesté, Citoyen & amy de sa patrie, ny bien-faisant à soy-mesme; mais estranger, meschant & ennemy de tous ; preferant & aimant mieux (quoy que contre la parole donnée au Seigneur de Bassompiere vostre Ambassadeur, de voir le droict des gens violé, & la Valtoline & Iuliers és mains des ennemis de la France, & ses alliez estre encõbrez de toutes parts, que de s'opposer à ceux qui de leurs despoüilles & des guerres Ciuiles de l'Estat, ne s'attendent rien moins que renouueller par leur Catholicon leurs premiers artifices, & faire dans vostre Estat vne guerre de Religion & d'Estat tout ensemble, pour perdre l'Estat, & en triompher.

Sire, plusieurs voyent & oyent ces choses

que ie represente à voſtre Majeſté: mais tous,
ou peu s'en faut, ſont des chiens muets, des
cœurs incirconcis, qui n'ont parole ny courage pour deſcouurir & pouruoir ſous voſtre
commandement & authorité Royale à tous
ces maux. La paix donc, la paix, au nom du
Dieu de paix. Apres Dieu, elle dépend de
vous, & n'y a perſonne, quelque enragé &
infernal qu'il ſoit, qui en la donnant par voſtre Majeſté, puiſſe deſtourner tous vos ſubjects indifferemment de leur deuoir & obeïſſance enuers vous. Anatheme & execration
ſoit, celuy qui y contreuiendra.

Sire, vos ſubjects de la Religion vous de-
mandent à leur eſgard pour cette paix, l'ob-
ſeruation des Edicts que vous-meſmes auez
confirmez par diuerſes Declarations; qui ne
ſuffiſent pas toutes-fois pour vne paix aſſeu-
rée, ſi vous ne puniſſez deſormais ſeueremẽt
les moindres infractions qui y ſeront faictes par qui que ce ſoit ſans acception: Car
des plus petites fautes qu'on tolere, on en
vient aux plus grãdes, qu'il eſt bien mal-aiſé
puis apres de corriger: La corruption qui
vient peu à peu au corps gaſte les parties alte-
rées, & la pareſſe de nettoyer vne gouttiere,
ruine & faict cheoir en fin la maiſon. Ainſi
en toutes matieres de maux, vn abyſme en
attire vn autre. Les moindres principes de

mal prennent touſiours accroiſſemẽt en pis:
les mœurs publiques ſe deprauent par imi-
tation.

Vne de leurs principales plaintes en l'inob-
ſeruation d'iceux, eſt ſur leur admiſſion &
reception és offices dont il plaiſt à voſtre
Majeſté les pourueoir & honorer; qui ſouuent leur eſt comme inacceſſible par vos
Cours ſouueraines, du moins ſi penible, &
auec telle perte & cõſẽption de tẽps & de
biens, que quand Ils y ſont receus, ils n'ont le
pouuoir & le moyẽ de retenir leurs offices &
d'y viure. En cela c eſt ſe tromper & abuſer,
non moins qu'en la paix de l'an 1577. de croire que ſans venir aux mains on leur peut faire
forte guerre, en n'appellãr grãds, mediocres,
ny petits d'eux aux Gouuernemens des Pro-
uinces & villes, ny pres de voſtre Majeſté, des
Princes & des Grands; & faiſant au reſte que
mal aiſément ils ſoient admis & receus aux
Eſtats de iudicature ou de finãces & charges
de police: Car bien que ſelon la ſapience du
monde (qui eſt tres-mauuaiſe conſeillere) il y
ait peu de Peres qui veuillẽt laiſſer courre pareille riſque à leurs enfans, & que par là c'eſt
ouurir la porte à pluſieurs, à ſe réger à l'Egli-
ſe Catholique Apoſtolique & Romaine:
Tant s'en faut que ce proceder lors ny depuis ait reüſſi à bien ny à paix; qu'il a eſté

comme le fondement general de tous les
troubles & guerres inteſtines, qui ont continué & ruyné voſtre Royaume auec tant de
perte de ſang & de biens iuſques en l'an 1598.
& qui le pourroit en fin entierement ſubuer-
tir, ſi on prenoit & ſuiuoit les meſmes maxi-
mes. La Religion n'eſt point des hommes,
mais de Dieu, qui par des moyens cachez &
incogneus, ſçait tirer la lumiere des tenebres, le bien du mal, la vie de la mort. Il demande vn ſacrifice volōtaire; luy ſeul eſclai-
re, attire, ſemond les conſciences, & les
ameine par ſon Eſprit, par les cordeaux de
ſon humanité & entrailles de ſa miſericorde
à la cognoiſſance & communion de ſon fils
noſtre Seigneur Ieſus-Chriſt.

Sire, en la promotion des Eſtats, hōneurs
& fonctions publiques, conſiſte touſiours la
principale marque de bourgeoiſie, du deſny
de laquelle naiſſent ordinairement des cau-
ſes, ſubjets & moyens aſſez forts pour troubler les plus grands Eſtats & Empires, à raiſon de la jalouſie que l'inegalité produict entre meſmes Citoyens, qui à bon droict peu-
uét dire que celuy n'eſt point tenu & reputé
pour Citoyen qui ne participe aux honneurs
de la Cité, & n'eſt capable d'y eſtre appellé.
Le batteau eſgalement chargé de coſté &
d'autre, ne peut pancher ny çà, ny là, à cauſe

de son esgal contre-poids, au lieu que si tout est d'vn costé, & qu'il ne se trouue aucune chose pour contre-peser, il se renuerse aisément sans dessus dessous.

Le Concile de Constantinople veut que la Iustice (qui est la puissance de Dieu) soit réduë sans côsideration des personnes & de la Religion ; & quoy que l'Empereur Iulian s'enquiere souuent, & sans cause, de la Religion de ceux qui plaident deuant luy; la haine qu'il porte à ceux qui ne professent la sienne, ne donne iamais de contre-poids à la Iustice.

Sire, la fin de toute police Ciuile, est la Iustice qui va au bien & vtilité publique, par la distribution qui ce fait à vn chacun par proportion de ce qui luy appartient ; Si on y apporte inegalité, c'est vne injustice manifeste, semer & mettre dissention entre les peuples, empescher en effect que la paix publique ne se maintienne, & que la Iustice ne se puisse côseruer. La concorde entre les hommes ne s'entretient & perpetuë que par ceste analogique proportion. Ce droict égal a ordonné toutes choses qui sont au Ciel & en la terre: les iours & les nuicts és equinoxes sont mesurez par espaces égaux & proportiônez, ainsi les mouuemens, cours & décours de la Lune: ainsi les quatre saisons de l'année sont

parties en autant de Mois les vnes que les autres; Dieu mesme par sa Loy, veut & ordon-
ne que chacun souffre peines égales aux for-
faicts qu'il a commis, pour nous enseigner
que tout ce qui se fait de mal icy bas pro-
cede d'inégalité.

Estans les vns & les autres esgalement vos
subjects par la naissance, il est raisonnable
qu'ils jouyssent de pareille grace: Les Serfs
naïs en la maison des Hebrieux, ou achetez,
doiuent estre circoncis aussi bien que leurs
enfans, la grace, le sceau de la circoncision
ne leur appartient pas moins; Ioignez que
Dieu qui a enclos dans l'Arche les bestes immondes auec les nettes, a tellement pour-
ueu par là à la societé de la vie humaine, que
la diuersité d'opinions (mesme au faict de la
Religion) ne peut & doit troubler ceste concorde Ciuile & Politique. Il commande vn
mesme droict aux foibles & malades qu'aux
sains & vigoureux, & dóne à vn chacun sans
difference vn Homer de la Mãne qui tombe
du Ciel. Le rauissement est suruenu, & vn
vaisseau comme vn linceul lié par les quatre bouts descendu des Cieux, où se sont
trouuez toutes sortes d'animaux terrestres à
quatre pieds, de bestes sauuages, de reptiles
& oiseaux qu'il a tous purifiez. Il a faict par-
ticipante la branche sauuage de la racine &

de la graiſſe de l'oliuier, appellé les Gentils
cõme les Iuifs; Et pour monſtrer ſon ire, &
donner à cognoiſtre ſa miſericorde, toleré
les vaiſſeaux appareillez à perdition, & fait
que ceux qui ne pourchaſſoiẽt point la Iuſtice, ont atteint la Iuſtice, voire la Iuſtice
qui eſt par la Foy.

D'autre part (S I R E) ſi entre les plus rege-
nerez & vrais enfans de Dieu, il n'y en a aucun qui ne ſente en ſoy la premiere de toutes les contrarietez, Chriſt & Belial, vn vieil
hõme enclin à tout mal, & vn nouuel homme engendré à bonnes œuures, qui tantoſt
s'adonne à l'eſprit. & en vn moment ſe laiſſe
emporter à la chair; & que neantmoins ceſte
repugnance en vn meſme ſujet, n'empeſche
point que l'ame diuiſée & tiracée de parti-
ſãs s'y oppoſez, ne s'ayme en toutes ſes facul-
tez, & ne ſe baſtiſſe vn repos au milieu de ce
combat perpetuel, & malgré ſes agitations
ne ſe rende au port de ſon ſalut: Dira-on en
verité, ſi elle compatit ainſi auec ſoy-meſme,
qu'elle ne le puiſſe faire auec ſon prochain,
qui ne luy eſt point ſi contraire, ains luy eſt
conjoinct de pluſieurs liens de charité, &
lequel elle ne peut hayr ſans offencer Dieu,
& ſe mettre au hazard de ſa propre ruïne.

Et bien que la nature des contraires ſoit de
s'entre deſtruire; ſi eſt ce qu'és plus grandes
choſes

choſes comme és moindres, d'eux ſe peuuēt renger enſemble par la vertu qui leur eſt ſuperieure. Les Elemēs qui naturellemēt s'ētreteignēt & entredeſtruiſēt, s'ēbraſſēt l'vn l'autre au tout & en chacune partie; la mer circuit la terre, & les deux ſont enueloppez de l'air, & l'air d'vne nature Etherée vuide ſes pluyes ſur la terre, qui puis apres retōbent en la mer; Ils ſe ployēt l'vn dās l'autre, tāt que de leurs cōtrarietez ſevoit vne belle vniformité. Ils ne ſont point bāde à part, & n'ont aucune guerre & contention entr'eux, parce qu'ils n'ont qu'vn meſme facteur & dominateur: Vous pouuez, Sire, apporter le meſme temperamment à vos peuples, eſtant cōme vous eſtes, leur Roy & ſouuerain Seigneur icybas.

S'il eſt queſtion de recourir aux exemples (comme il ſemble à propos & expediēt en fait d'Eſtat & de Police.) En la Republique Iudaïque, modelle & patron de toutes les autres, on voit les Phariſiens & Saduceēs, nonobſtāt leurs opiniōs cōtraires aux principaux articles de Foy, aſſis en vn meſme Synedrium, sās que ceſte diuerſité ait iamais peu ou point troublé leur Eſtat. Ce grād Senat Romain, depuis Cōſtantin le Grand iuſques à Theodoſe, ſe trouue bigarré de Chreſtiens & Payens, ſacrifians en meſme Palais, fous mefme toict, les vns aux Idoles, & les autres au Dieu viuant, & tous cependant feruans leur Prince & la Patrie en tres grande conc orde & vnion. Sous Theodoric Roy d'Italie, il y a des chambres my-parties en nombre égal de Gots & de Romains (ie dis d'Arriens & d'Orthodoxes) au veu, fçeu, prefence, confentement & approbation de plufieurs Papes, qui ne font point de honte à leurs fucceffeurs.

Honorius & Arcadius Empereurs, qui par conftititutions priuent de toutes dignitez ceux qui font profeffion du Paganifme, ne laiffent de defigner Conful vn Frajutius, qui le premier rompt en bataille Caius, encores qu'il retienne du tout la fuperftition, & d'appeller à leur Cour Generardus (Barbare comme l'autre) mais d'ailleurs perfonnage de valeur & reputation.

Sire, parmy vos fubjects de la Religion, il y a eu & reftent, non-feulement des gens capables & entendus, qui ont tres-dignemẽt feruy les deffuncts Rois vos predeceffeurs & voftre Maiefté, & qui meritẽt & peuuẽt meriter du public: Mais de plus, les difputes & controuerfes pour leur Religion contre les Catholiques, font beaucoup moindres que celles que i'ay touchées cy-deffus: & faut efperer de la bonté de Dieu, *fous voftre bon*

auspice, qu'en ses misericordes il nous vnira
de sorte, qu'vn iour il n'y aura en tous qu'vn
mesme sentiment, soit sur les ceremonies de
l'Eglise, ou les bonnes œuures, que general-
lemét sur tous les poincts de la Foy. Et qu'en
l'attente de ceste faueur & grace, puis que
par le moyen de vos Edicts, il n'y doit plus
rien auoir de separé des vns & des autres, en
ce qui concerne la promotion des charges,
que tous ensemble guidez sous mesme authorité, se porteront à l'enuy, à qui mieux
mieux, à la prompte, fidelle & volontaire
obeïssance, loyauté & seruice qu'ils doiuent
rendre à Dieu & à vostre Majesté; qui aussi
de sa part continuera de n'auoir pour loy
souueraine, que le salut & la paix de son peuple.

Sire, le desir de la moyéner est vne affection
Diuine; & qui la conseille & la donne, en ap-
paisant les troubles, guerres & dissentions
des peuples, faict acte de personne aimée de
la Diuinité, & à ioye perpetuelle en son
cœur.

Quand Iesus-Christ part de la terre pour
aller au Ciel, il ne dit pas à ses Disciples qu'il
leur dóne & laisse la guerre, mais sa paix; Bié-
heureux derechef sont ceux qui l'annoncét
& la procurent, le Dieu de Paix les appelle
ses enfans, & leur fruict, & œuure de Iustice

est repos & seureté à tousiours, car le fruict
de Iustice se seme en paix, Ainsi, Sire, retran-
chez cét Hydre & monstre de guerre Ciuile
en sa naissance, & s'il y a quelque vertu, Iustice & loüange en la paix, pensez à ces choses, & les faites, afin que la dilection de Dieu
soit sur vous à tousiours : Telle est la priere &
les vœux que ie fais continuellemét pour vostre Majesté, & qu'il vous donne en Iustice le
desir de vostre cœur, adjouste années sur années, & qu'auec vne heureuse & Royale
prosperité, il vous preuienne de benedictiós
& de biens, & rende vostre gloire grande &
inefable par son salut, Qu'ainsi il soit vostre
prix & celuy de tous vos subjects en la paix,
comme il est la force & la vertu en la guerre,
de tous les Rois, Princes & Peuples amateurs de sa paix : & que destournát pour tout
iamais toutes guerres de vostre Royaume &
de ses limites, il le comble de l'heur & felicité que luy desire, & à vostre MAIESTÉ.

SIRE,

Vostre tres-humble, tres-obeissant,
& tres fidele subiect & seruiteur.
CHARLES CHAPVZEAV.